KB123060

열자

네이버 카페 바로 가기

『열자』 원문 자료는 인문플러스 네이버 카페의 **자료 나눔방**에서
무료로 내려받을 수 있습니다.

인문플러스 네이버 카페   http://cafe.naver.com/booklatte
인문플러스 페이스북   https://www.facebook.com/humanplus100

列子

열자

조화로운 삶이란 무엇인가

열어구 지음
정유선 옮김

동아일보사

채움과 비움의 패러독스

『열자』는 『충허지덕진경(充虛至德眞經)』이라고도 부르며, 노자의 『도덕경(道德經)』(『노자』), 장자의 『남화진경(南華眞經)』(『장자』)과 함께 도교의 3대 경전 중 하나로 꼽히는 저작이다. 또한 우공이산, 조삼모사, 백아절현, 다기망양 등 우리에게 친숙한 고사성어의 출처가 되는 이야기를 많이 수록하고 있어서, 일반인이 쉽게 접근할 수 있는 도교 경전이라고 할 수 있다. 현재 전해지고 있는 『열자』는 모두 8편 139장으로 구성되어 있는데, 각 편의 제목은 「하늘의 상서로움을 깨닫다: 천서(天瑞)」 「황제의 깨달음: 황제(黃帝)」 「주나라 목왕의 즐거움: 주목왕(周穆王)」 「공자는 성인이었을까: 중니(仲尼)」 「탕임금의 질문: 탕문(湯問)」 「능력은 운명이다: 역명(力命)」 「양주는 이렇게 말했다: 양주(楊朱)」 「하늘의 도를 논하다: 설부(說符)」이다.

이 책을 지었다고 전해지는 열어구는 장자보다 앞선 시대에 활동했던 인물로, 『장자』 「열어구」 편에 그의 사상과 행적이 기록되어 있다. 열어구는 '열자'라고 존칭될 정도로 도가 사상가로서 중시되는 인물이다. 하지만 후대의 일부 학자들은 여러 정황상 그가 실제 생존했던 인물인지, 그리고『열자』의 실제 저자인지 등에 대해 의문을 품어왔고, 논란은 쉽게 사그라지지 않았다.

그렇다면 지금까지 이어지는 끊임없는 진위 논란 속에서도 우리가 『열자』를 읽는 이유는 무엇일까? 아마도 세상을 바라보는 열자의 색다른 시각과 그가 세상을 살아내는 방법에 대한 공감 혹은 선망 때문일 것이다.『열자』는 우리가 살았던 과거에도, 우리가 살고 있는 현재에도, 그리고 우리가 살아갈 미래에도 변하지 않는 모호한 세상의 원리를 구체적으로 밝히고 있다. 그것은 바로 천명(天命)이다!

『열자』는 세상의 원리인 천명을 받아들이고 그것을 삶 속에 어떻게 실천해나갈 것인지를 알기 쉽게 보여주는 단편 서사이다. 그 천명을 실천하기 위한 구체적 삶의 태도로 '운명' '비움' '균형'이라는 세 가지 키워드를 제시하고, 각각의 키워드를 코기토적 망아(忘我)를 통해 구체적으로 그려낸다. 그중 '운명'은 우주 만물을 지배하는 천명, 운명에 맡기기, 삶과 죽음의 미학적 본질로서, '비움'은 비어 있음의 가치, 비우는 방법, 비움의 표상으로서, '균형'은 소유와 집착에서 오는 편견, 깊은 통찰을 통한 균형 잡힌 관계 맺기로서 풀어낸다. 여기에서 찾아볼 수 있는 『열자』의 묘미는 무엇일까? 바로 황제, 주나라 목왕, 공자, 탕임금, 양주 등 고유명사로서의 특정 인물을 보통명사로서의 일반인의 삶 속으로 끌어들였다는 점이다. 이런 방식은 동물이라고 해서 예외는 아니다. 『열자』가 후세까지 전해지는 고사성어를 많이 만들어낸 경전이 된 이유이기도 하다.

우리가 또한 『열자』에서 주목해서 봐야 할 부분은 진리에 대한 패러독스적 표현이다. 예를 하나 들어보자. "좋은 일을 할 때는 명성을 구하려 하지 않아도 명성이 저절로 따라온다. 명성을 얻으면 이익을 기약하지 않아도 이익은 저절로 돌아온다. 이익이 생기면 다툼을 기약하지 않아도 다툼이 저절로 찾아온다. 그러므로 군자는 기필코 선을 행해야겠다는 마음을 삼가는 것이다."(「반드시 구할 필요가 있는가: 설부 26」)『열자』는 이와 같이 패러독스적 서사, 즉 오류를 담은 역설을 통해 긴장감을 조성함으로써 진실을 다시 한 번 깊이 생각하게 만드는 방식을 곳곳에 사용하고 있다. 글쓰기 방식에서도 도가적인 사상 근원을 실천한 흔적을 살펴볼 수 있다는 점은 매우 흥미롭다.

삶이란 원래 무수한 패러독스로 가득 차 있는 것인지도 모른다. 대부분의 사람들은 인생의 첫걸음부터 자신에게 부족한 부분을 채워나가는 플러스적인 삶을 위해 온 힘을 쏟고, 몸과 마음을 끊임없이 불사른다. 그러다가 어느 날 갑자기 더 태울 힘이 사라진 뒤에야 겨우 자의 반 타의 반으로 움직임을 멈춘다. 모든 것이 제자리에 정지된 고요한 순간, 앞으로 어디까지 가야 하는지, 또 그동안 얼마만큼 왔는지를 찬찬히 둘러보게 되는 것이다.

그동안 자신이 청맹과니의 삶을 살아왔다는 것을 깨닫는 순간은 빠르든 느리든, 누구에게나 반드시 한 번쯤은 찾아온다. 바로 그때 당신을 위로하고 일깨워줄 수 있는 고전이 있다면 바로 『열자』일 것이다. 그래서 열자는 이렇게 말했는지도 모르겠다. "가장 좋은 것은 비우는 것이다. 고요한 태도로 비우고 살 수 있다면 삶을 터득한 것이요, 다투어 취하고 가지려고만 한다면 처하는 법을 잃은 것이다." 우리 자신과 우리의 삶을 규정하는 역설의 한계 속에서 열자가 말한 비어 있음의 미학을 터득할 수 있는 사람이라면, 그는 진정 자유로운 존재일 것이다. 비어 있음으로써 가득 차고, 가득 채움으로써 텅 비울 수 있는 놀라운 진리에 대한 깨달음. 이 책을 읽는 모두에게 그런 깨달음의 편린이 찾아들 수 있기를 바라마지 않는다.

2016년 2월 자하골에서
정유선 씀

차례

제
6
편

능력은 운명이다

역명 · 力命

제
8
편

하늘의 도를 논하다
설부 · 說符

제1편

하늘의 상서로움을 깨닫다

천서 · 天瑞

1편을 읽기 전에

◆ ◆

'천서'는 하늘의 상서로운 조짐을 뜻하며, 삼라만
상의 생성 원리와 특성을 제시한다. 세상 만물은
언제나 생겨나고 변화하고 없어지지만, 세상의
원리인 도(道)는 시작도 끝도 삶도 죽음도 없이
늘 같은 모습으로 존재한다. 이러한 원리는 하늘
의 명인 천명(天命)으로, 인간은 우주, 자연, 운명,
죽음 등에 맞서 싸우거나 겨루는 대신 순리대로
순종하고 따라야 한다. 그렇게 하는 것이 바른 길
이고, 천서를 깨달아 올바로 실천하는 자세이다.
1편은 『열자』의 개설 부분으로, 열자 사상의 핵심
인 우주관과 생사관이 담겨 있다.

往復, 其際不可終

반복해서 순환하는 것은 그 끝이 있을 수 없다

저절로 태어나고 저절로 변화한다

◆◆

열자가 정나라 포 땅에서 40년을 살았지만 알아보는 이가 없었다. 정나라 임금과 경대부들은 그를 보고도 일반 백성처럼 여겼다. 마침 나라에 흉년이 들어 열자가 위나라로 가려고 하자 제자가 말했다.

"선생님께서 이제 떠나면 언제 돌아오실지 기약도 할 수 없습니다. 그러니 제자로서 감히 부탁드립니다. 저희에게 가르침을 좀 주시기 바랍니다. 선생님께서는 선생님의 스승이신 호구자림(壺丘子林)의 말씀을 듣지 못하셨습니까?"

열자가 웃으면서 말했다.

"호자께서 무슨 말씀을 하셨겠느냐? 그렇긴 해도, 호자께서 일전에 백혼무인(伯昏瞀人)에게 말씀하시는 것을 곁에서 들은 적이 있다. 그것을 일러주겠다. 그 말씀은 대략 이러하다.

'태어나는 것과 태어나지 않는 것이 있고, 변화하는 것과 변화하지 않는 것이 있다. 태어나지 않는 것은 태어나는 것을 태어나게 해주며, 변화하지 않는 것은 변화하는 것을 변화하게 해준다. 태어나는 것은 태어나지 않을 수 없으며, 변화하는 것은 변화하지 않을 수 없다. 그러므로 항상 태어나고 항상 변화한다. 항상 태어나고 항상 변화하는 것은, 태어나지 않은 적이 없고 변화하지 않은 적이 없다. 음양이 그러하고 사계절이 그러하다. 태어나지 않는 것은 독립적이고 영원히 존재하는 실체이며, 변화하지 않는 것은 반복해서 순환한다. 반복해서 순환하는 것은 그 끝이 있을 수 없으며, 독립적이고 영원히 존재하는 것은 그 이치가 다할 수 없다.'

『황제서』에서는 이렇게 말했다. '곡신(谷神)은 죽지 않으니 이를 일러 현빈(玄牝)이라 한다. 현빈의 문을 천지만물의 근원이라 일컫는다. 그것은 계속해서 그대로 있는 듯하며, 끊임없이 사용해도 다함이 없다.'

그러므로 만물을 태어나게 하는 것은 태어나지 않으며, 만물을 변화하게 하는 것은 변화하지 않는다. 저절로 태어나고 저절로 변화하며, 저절로 형태를 이루고 저절로 빛깔을 나타내며, 저절로 지혜로워지고 저절로 힘을 지니게 되며, 저절로 사라지고 저절로 그친다. 그러므로 이를 두고 태어남과 변화, 형태와 빛깔, 지혜와 힘, 소멸과 멈춤이라고 말하는 것은 잘못이다."

만물은 어디서 태어나는가

◆◆

열자가 말했다.

"옛날 성인들은 음양을 바탕으로 천지를 다스렸다. 무릇 형체를 지닌 것은 형체가 없는 것으로부터 태어나는데, 천지는 어디에서 생겨난 것일까?

그러므로 태역(太易)이 있고, 태초(太初)가 있으며, 태시(太始)가 있고, 태소(太素)가 있다고 했다. 태역이란 아직 기가 드러나지 않은 상태이고, 태초란 기가 시작되는 상태이며, 태시란 형체가 생기기 시작하는 상태이고, 태소란 성질이 갖추어지기 시작하는 상태이다.

기와 형체와 성질이 갖추어졌지만 아직 서로 분리되지 않았으므로, 이를 일러 혼돈이라 한다. 혼돈이란 만물이 서로 섞여 아직 따로 분리되지 않은 상태를 말한다. 그것은 보려 해도 보이지 않고, 들으려 해도 들리지 않으며, 만지려 해도 만져지지 않는다. 이를 일러 태역이라 한다.

태역에는 형체도 테두리도 없다. 태역이 변해 하나의 기운이 되고, 하나의 기운이 변해 일곱 가지 기운이 되며, 일곱 가지 기운이 변해 아홉 가지 기운이 된다.

아홉 가지 기운이 나타나면, 이내 다시 하나의 기운으로 변한다. 하나의 기운에서 형체 변화가 시작된다. 맑고 가벼운 기운이 올라가 하늘이 되고, 탁하고 무거운 기운이 내려와 땅이 되며, 하늘과 땅 사이의 조화로운 기운은 사람이 된다. 그러므로 하늘과 땅은 정기를 머금고, 만물이 이로 인해 변화하고 생겨나는 것이다."

무위의 도를 따르다

◆◆

열자가 말했다.

"천지라고 해서 모든 공덕을 지니고 있는 것은 아니다. 성인이라고 해서 완전한 능력을 지니고 있는 것도 아니며, 만물 역시 완전한 쓰임을 지니고 있는 것은 아니다.

그러므로 하늘은 태어난 것을 덮어주는 역할을 하고, 땅은 형체를 지닌 것을 포용하는 역할을 한다. 성인은 가르쳐 감화하는 역할을 하고, 만물은 그에 맞는 쓰임을 지니는 역할을 한다.

그렇다면 하늘도 단점이 있을 수 있고, 땅도 장점이 있을 수 있으며, 성인도 막힐 수 있으며, 만물도 두루 적용되어 잘 통할 수 있다.

왜 그러한가? 태어난 것을 덮어주는 것은 형체를 지닌 것을 포용하는 일을 할 수 없고, 형체를 지닌 것을 포용하는 것은 만민을 교화하는 일을 할 수 없으며, 만민을 교화하는 것은 각기 정해진 역할을 하는 것을 거스를 수 없고, 각기 정해진 역할을 하는 것은 정해진 자리를 벗어날 수 없다.

그러므로 천지의 도는 음이 아니면 곧 양이고, 성인의 가르침은 어짊이 아니면 곧 의로움이며, 만물의 성질은 부드러움이 아니면 곧 강함이다. 모두 그것의 성질에 따라서 그 위치를 벗어날 수 없는 것이다.

따라서 태어나는 것이 있고, 그 태어나는 것을 태어나게 하는 것이 있다. 형체를 지니는 것이 있고, 그 형체를 지니는 것이 형체를 지니도록 만드는 것이 있다. 소리를 내는 것이 있고, 그 소리 내는 것을 소리 나게 하는 것이 있다. 색깔을 띠는 것이 있고, 그 색깔을 띠는 것이 색깔을 띠게 만드는 것이 있다. 맛이 나는 것이 있고, 그 맛이 나는 것이 맛이 나게 하는 것이 있다.

태어나게 하는 것으로 태어난 것이 죽지만, 태어나는 것을 태어나게 하는 것은 끝이 있어본 적이 없다. 형체를 지니게 하는 것으로 형체를 지닌 것이 존재하지만, 형체를 지니게 하는 것은 존재해본 적이 없다. 소리 나게 하는 것으로 소리 나는 것이 소리가 나지만, 소리 나게 하는 것은 소리를 낸 적이 없다. 색깔을 띠게 하는 것으로 색깔을 지닌 것이 드러나지만, 색깔을 띠게 하는 것은 색깔로 드러난 적이 없다. 맛이 나게 하는 것으로 맛이 나는 것을 맛볼 수 있지만, 맛이 나게 하는 것은 맛으로 드러난 적이 없다. 이것은 모두 무위의 도에 따른 작용이다.

무위의 도는 음이 될 수도 있고 양이 될 수도 있다. 부드러울 수도 있고 강할 수도 있다. 짧을 수도 있고 길 수도 있다. 둥글 수도 있고 모날 수도 있다. 살 수도 있고 죽을 수도 있다. 더울 수도 있고 서늘할 수도 있다. 뜰 수도 있고 가라앉을 수도 있다. 궁조(宮調)가 될 수도 있고 상조 (商調)가 될 수도 있다. 나올 수도 있고 들어갈 수도 있다. 검을 수도 있고 누를 수도 있다. 달 수도 있고 쓸 수도 있다. 누린내가 날 수도 있고 향내가 날 수도 있다. 아는 것도 없고 할 수 있는 것도 없지만, 그러면서 도 알지 못하는 것이 없고 할 수 없는 것도 없다.”

태어남도 없고 죽음도 없다

◆ ◆

열자가 위나라로 가는 길에 길가에서 식사를 하게 되었다. 종자가 백년 묵은 해골을 발견하자, 열자는 쑥대를 뽑아 그것을 가리키고 제자 백풍(百豊)을 돌아보며 이렇게 말했다.

"오직 나와 저 해골만은 만물 가운데 태어나는 것도 없고 죽는 것도 없다는 이치를 알고 있다. 이를 근심할 것인가, 아니면 기뻐할 것인가? 변화하는 종류는 여러 가지가 있다. 이를테면 개구리가 메추라기로 변하는 것처럼, 물을 만나면 변화하기도 한다. 물가에서 나면 이끼가 되며, 언덕에서 나면 질경이가 된다. 질경이에 거름을 더하면 오족초가 되는데, 오족초의 뿌리는 굼벵이가 되고 잎은 나비가 된다. 나비는 얼마 뒤 벌레로 변한다. 만약 부뚜막 밑에서 생겨나면 그 모양이 껍질을 벗어놓은 것 같아서 이름을 구철(鴝掇)이라 한다. 구철은 천 일이 지나면 새로 변하고, 그 이름을 건여골(乾余骨)이라 한다. 건여골의 침은 사미(斯

28

彌)라는 벌레가 되며, 사미는 식혜의 바구미가 된다. 식혜의 바구미는 식혜의 황형(黃軦)이 된다. 식혜의 황형은 다시 구유(九猷)를 낳고, 구유는 무예(瞀芮) 벌레를 낳고, 무예는 반딧불이가 된다. 양의 간은 작의초(雀医草)가 되고, 말의 피는 도깨비불이 되며, 사람의 피는 귀신불이 된다. 솔개는 매가 되고, 매는 뻐꾹새가 되며, 뻐꾹새는 한참 뒤에 다시 매가 된다. 제비는 조개가 되고, 들쥐는 메추라기가 된다. 썩은 오이는 물고기가 되고, 오래 묵은 부추는 비름이 된다. 늙은 암양은 원숭이가 되고, 물고기 알은 벌레가 된다.

단원산에 사는 짐승은 저절로 새끼를 배고 낳는데, 그 이름은 유(類)라 한다. 개울이나 못에 사는 새는 서로를 보기만 해도 알을 낳는데, 그 이름은 역조(鶂鳥)라 한다. 순수한 암컷의 이름은 대요(大腰)라 하며, 순수한 수컷의 이름은 치봉(稚蜂)이라 부른다.

사국의 남자는 여자를 얻지도 않고 수태시키며, 사국의 여자는 남편에게 시집가지 않고도 아이를 잉태한다. 후직은 거인의 발자국에서 태어났고, 이윤은 광활한 뽕나무숲에서 태어났다. 궐소(厥昭) 벌레는 습한데서 태어나고, 하계(醯鷄) 벌레는 술에서 태어난다. 양해(羊奚)라는 풀은 죽순이 나오지 않는 오래 묵은 대나무와 교접해 청녕(靑寧)을 낳고, 청녕은 표범인 정(程)을 낳고, 정은 말을 낳고, 말은 사람을 낳는다. 사람은 오랜 시간이 흐르면 다시 기로 들어간다. 만물은 모두 기에서 나와 다시 기로 들어간다."

만물은 어디로 돌아가는가

◆◆

『황제서』에서 다음과 같이 말하고 있다.

"형태는 움직인다고 해서 형태를 낳는 것이 아니라 그림자를 낳는다. 소리는 움직인다고 해서 소리를 낳는 것이 아니라 메아리를 낳는다. 없음(無)은 움직인다고 해서 없음을 낳는 것이 아니라 있음(有)을 낳는다."

형태란 반드시 끝이 있는 것이다. 하늘과 땅도 끝이 있는가? 나와 더불어 끝이 있다. 그 끝은 알 수 없는 곳으로 나아간다.

태어남이 있는 것은 태어남이 없는 상태로 되돌아간다. 형태가 있는 것은 형태가 없는 상태로 되돌아간다. 태어남이 없는 상태라고 해서 본래부터 태어남이 없던 것은 아니다. 형태가 없는 상태라고 해서 본래부터 형태가 없던 것은 아니다. 무릇 태어남이란 이치로 보아 틀림없이 끝이 있다. 끝이 있는 것이 끝이 없을 수 없는 것은, 태어남이 있는 것이 태어남이 없을 수 없는 것과 같다. 그런데도 태어난 것을 영원히 살게

해 끝을 없애려 하는 것은 자연의 이치를 이해하지 못해서다.

정신은 하늘에 속해 있고 뼈는 땅에 속해 있다. 하늘에 속한 것은 맑아서 흩어지며, 땅에 속한 것은 탁해서 모이게 된다. 정신은 형태를 떠나 각각 원래 있던 참으로 돌아간다. 그러므로 그것을 귀(鬼)라 부른다. 이는 돌아간다(歸)는 뜻으로서 자신의 진정한 집(眞宅)으로 되돌아감을 말한다.

황제(黃帝)는 말했다. "정신은 하늘의 문으로 들어가고, 뼈는 땅의 근본으로 되돌아가는데, 내가 어찌 존재하겠는가?"

인생의 네 가지 단계

◆ ◆

　사람은 태어나면서 죽을 때까지 크게 네 가지 변화 단계를 겪는다. 바로 유아기와 청년기, 노년기 그리고 죽음이다.

　갓난아기 때는 기(氣)와 지(志)가 전일하다. 조화로움이 지극해서 외물이 해를 주지 못하며, 덕도 더 보탤 것이 없다. 젊을 때는 혈기가 왕성하고 욕망과 사념이 충만히 솟아 외물의 공격을 받는다. 덕도 쇠하기 시작한다. 늙어서는 욕망과 사념이 점차 약해져 육체가 이제 쉬고자 하며, 외물도 그와 다투지 못하게 된다. 비록 갓난아기 같은 완전함에는 미치지 못하지만 젊을 때와 비교해보면 큰 차이가 있다. 죽음이란 완전한 휴식으로 돌아가는 때이다. 즉 태어나기 전의 지극한 끝으로 되돌아가는 것이다.

무엇을 즐거움으로 삼는가

◆◆

공자가 태산에 놀러 갔다가 영계기(榮啓期)가 성 땅의 들판을 지나가고 있는 것을 보았다. 그는 사슴 가죽으로 만든 옷을 입고 새끼로 띠를 두르고서 거문고를 타면서 노래하고 있었다.

공자가 물었다.

"선생께서는 무엇을 즐거움으로 삼으십니까?"

영계기는 이렇게 대답했다.

"나에게는 즐거움이 매우 많습니다. 하늘이 만물을 내실 때 오직 사람만이 존귀하게 했습니다. 그런데 나는 사람으로 태어날 수 있었으니, 이것이 첫 번째 즐거움입니다. 지금 세상에 남녀 구별이 있어서 남자를 존중하고 여자를 경시해 남자를 귀하게 여기는데, 나는 남자로 태어났으니 이것이 두 번째 즐거움입니다. 또한 이 세상에 태어나 해와 달도 보지 못한 채, 미처 강보를 벗어나보지도 못하고 요절하는 이들이 있습니다. 그런데 나는 이미 구십 세까지 살았으니 이것이 세 번째 즐거움입니다.

가난을 겪는 것은 글 읽는 선비에게는 흔한 일이며, 죽음이란 사람이 겪는 마지막 일입니다. 늘 있는 평범한 상황에서 마지막을 맞이하게 되었으니, 마땅히 무슨 근심이 있겠습니까?"

공자가 말했다. "훌륭하십니다! 선생은 충분히 스스로를 위로할 수 있는 분이시군요."

후회할 것이 무엇인가

◆◆

임류(林類)는 거의 백 살이 다 되어가고 있었다. 어느 날 그는 봄이 끝나도록 가죽옷을 걸친 채 묵은 밭이랑에 떨어진 이삭을 주우면서 노래를 부르며 걸어가고 있었다.

공자가 위나라를 향해 가다가 들에서 그를 보고는 제자들을 돌아보며 말했다.

"저 노인은 함께 이야기를 나눌 만한 분이다. 가서 말을 한번 건네보아라."

자공이 나서길 청했다. 자공은 밭두렁에서 그를 마주하고, 감탄하며 물었다.

"선생께서는 지금까지 살아오면서 후회할 만한 일이 없었습니까? 이렇게 노래하며 이삭을 주우시니 말입니다."

임류는 발길을 멈추지 않았고 노래도 그치지 않았다. 그러나 자공이 계속해서 물으니 이내 쳐다보면서 이렇게 되물었다.

"내가 무엇을 후회해야 한단 말인가?"

자공이 말했다.

"선생께서는 젊어서는 부지런히 일하지 않았고, 어른이 되어서는 시간을 다투며 노력하지 않았으며, 늙어서는 처자식도 두지 못했습니다. 곧 죽을 때가 다가오고 있는데 무슨 즐거워할 일이 있다고 이삭을 주우면서 노래를 하십니까?"

임류가 웃으면서 이렇게 말했다.

"내가 즐거워하는 일은 남들도 모두 마찬가지로 겪는 일이라네. 그런데도 사람들은 오히려 근심거리로 삼고 있지. 나는 젊어서는 부지런을 떨지 않았고, 장년이 되어서는 시간을 다투지 않았기 때문에 이처럼 오래 살 수 있었네. 늙어서는 처자식이 없고, 또한 곧 죽음이 다가오고 있기 때문에 이처럼 즐거워하는 것이라네."

자공이 말했다.

"오래 살고자 하는 것은 누구나 바라는 바요, 죽음은 사람들이 싫어하는 일입니다. 그런데 선생께서는 죽음을 즐거움으로 여기고 있으니 어찌 된 영문입니까?"

임류가 말했다.

"죽음과 삶은 한 번 갔다가 다시 한 번 되돌아오는 일에 지나지 않네. 그러므로 여기에서 죽는 자가 저쪽에서 태어나지 않으리라는 사실을 어떻게 알겠는가? 내가 삶과 죽음이 서로 같지 않다는 것을 어찌 알겠으며, 또 이리저리 방법을 모색하며 바쁘게 삶을 추구하는 것이 어리석은 일이 아니라는 것을 어찌 알겠는가? 또한 지금 나의 죽음이 지난날의 삶보다 낫지 않다는 것을 어떻게 알 수 있겠는가?"

자공이 그의 말뜻을 깨닫지 못한 채 돌아와 공자에게 그대로 고했다. 공자가 말했다.

"나는 그가 함께 얘기할 만한 사람이라고 생각했는데, 과연 그렇구나. 그러나 자연의 이치를 터득하긴 했어도 아직 완전히 이루진 못한 사람이다."

삶의 괴로움

◆ ◆

자공이 배움에 싫증이 나서 공자에게 말했다.

"휴식을 취하면 좋겠습니다."

공자가 말했다. "삶에는 휴식이 없는 법이다."

자공이 말했다. "그렇다면 저에게는 휴식도 없다는 것입니까?"

공자가 말했다.

"있다. 저 무덤을 보아라. 언덕같이 우뚝 솟아 있어 불룩하다. 그곳이 네가 휴식할 곳임을 알아라."

자공이 말했다.

"죽음이란 정말 대단하군요! 그때야 비로소 군자는 휴식을 취하고, 소인은 죽음에 굴복하는 것이로군요."

공자가 말했다.

"자공아, 이제 너도 이해했구나! 사람들은 모두가 삶의 즐거움만 알 뿐 삶의 괴로움은 알지 못한다. 늙음의 고달픔만 알 뿐 늙음의 편안함은 알지 못한다. 역시 죽음을 싫어할 줄만 알 뿐 죽음이 휴식인 줄 알지 못한다.

안자(晏子)는 이렇게 말했느니라. '훌륭하도다. 옛날부터 죽음이 있었음이여! 죽을 때가 되어 어진 사람은 휴식하고 어질지 못한 사람은 굴복한다.'

죽음이란 되돌아감을 얻는 일이다. 옛날에는 죽는 사람을 가리켜 돌아가는 사람(歸人)이라 말했다. 무릇 죽는 사람을 두고 돌아가는 사람이라 말한다면, 살아 있는 사람은 길을 가는 사람(行人)이 된다. 길을 가면서 돌아갈 줄 모른다면 그는 집을 버린 것이다. 한 사람이 집을 버리면 온 세상이 그를 그르다 하면서, 온 천하가 집을 버렸는데도 사람들은 그르다 할 줄 모른다.

고향을 떠나 육친과 이별하고 가업을 전폐한 채, 사방을 유람하면서 집으로 돌아가지 않는 자가 있다면 어떤 사람이겠는가? 세상에서는 틀림없이 그를 두고 미친 사람이라 할 것이다.

세상을 다스리는 데 뜻을 두고 교묘한 능력을 자랑하며, 널리 명예를 구해 과장하면서도 그칠 줄 모르는 자가 있다면 또한 어떤 사람이겠는가? 세상에서는 틀림없이 그를 지모가 뛰어난 선비라 여길 것이다.

사실 이 두 사람은 모두가 그릇되게 행동하는 자들이다. 그러나 세상에서는 한쪽은 그렇다고 인정하면서 다른 한쪽은 그렇다고 인정하지 않는다. 그러므로 오직 성인만이 무엇을 인정하고 무엇을 버려야 하는지 알고 있다."

비어 있음이란 무엇인가

◆ ◆

어떤 사람이 열자에게 이렇게 물었다.

"선생님은 어찌하여 비어 있음(虛)을 귀히 여기십니까?"

열자가 말했다.

"비어 있음이 귀한 게 아닙니다."

열자는 말을 이었다.

"어떤 것의 이름이 중요한 게 아닙니다. 고요한 태도를 지키는 것이 중요합니다. 가장 좋은 것은 비우는 것입니다. 고요한 태도로 비우고 살수 있다면 삶을 터득한 것이요, 다투어 취하고 가지려고만 한다면 처하는 법을 잃은 것입니다. 이미 일이 어긋나고 깨진 뒤에는, 뒷날 인의를 부르짖는 자가 있어도 되돌릴 수 없습니다."

자연은 언제나 변화한다

◆◆

육웅(鬻熊)이 말했다. "만물의 운전(運轉)은 그침이 없고 천지는 은밀하게 움직이고 있지만 누가 그것을 알아차리겠는가? 그러므로 만물은 한쪽에서 줄어들면 다른 한쪽에서는 차게 되며, 한쪽에서 이루어지면 다른 한쪽에서는 허물어진다. 줄고 차고 이루어지고 허물어지는 일은 수시로 일어나고 수시로 사라진다. 가고 옴이 연이어 이어지며 그 틈을 살필 겨를도 없으니 누가 그것을 알아차리겠는가?

무릇 기운은 갑자기 나오지 않으며, 모든 형태는 갑자기 허물어지지 않는다. 따라서 그것이 이루어지는 것도 알아차릴 수 없으며 그것이 허물어지는 것도 알아차릴 수 없다. 마치 사람이 태어나서 늙을 때까지 용모와 얼굴과 지혜와 행동이 하루도 달라지지 않는 날이 없는 것과 같다. 피부와 손톱과 머리카락은 수시로 나고 수시로 빠진다. 어린아이라고 해서 그대로 멈춘 채 변하지 않는 게 아니다. 잠깐 사이에는 그 변화를 깨달을 수 없고, 나중에 이르러서야 비로소 알아차리게 된다."

기나라 사람의 걱정거리

◆◆

    기나라에 사는 어떤 사람이 하늘과 땅이 무너지고 꺼져서 몸을 기탁할 곳이 없어지면 어쩌나 걱정해 먹고 자는 것을 전폐했다. 그러자 다른 어떤 이가 그의 걱정을 덜어주겠다고 나섰다. 그를 찾아가 깨우쳐줄 참이었다.

    "하늘은 기로 쌓여 있으며, 천하에 기가 없는 곳은 없네. 자네가 몸을 움직이고 숨을 쉴 때도 하루 종일 하늘 속에서 움직이며 살아가고 있는데 어찌 무너져 내려앉을까 봐 걱정하는가?"

    그 사람이 말했다.

    "하늘이 정말 기로 쌓여 있다면 해와 달과 별은 어째서 땅으로 떨어지지 않을 수 있는가?"

    찾아간 이가 말했다.

    "해와 달과 별 역시 기가 뭉쳐 빛을 내고 있는 물체일세. 그래서 떨어진다 하더라도 거기에 맞아서 상해를 입지는 않는다네."

그 사람이 다시 의문을 제기했다.

"땅이 무너지면 어찌하는가?"

깨우쳐주는 자가 말했다.

"땅이란 흙덩이가 쌓인 것이네. 사방의 빈 곳은 모두 흙으로 꽉 차 있어서, 흙덩이로 채워져 있지 않은 곳이 없네. 자네가 밟고 걷고 서고 뛸 때도 하루 종일 땅 위에서 움직이는데 어찌 그것이 무너질까 봐 걱정하는가?"

그 사람은 이러한 설명에 크게 기뻐했고, 그러자 그를 깨우쳐주던 자도 덩달아 기뻐했다.

장려자(長盧子)가 이 이야기를 듣고 웃으며 말했다.

"무지개, 구름, 안개, 바람과 비 그리고 사계절은 기가 하늘에 쌓여 만들어지고, 산, 강, 바다, 금석, 불과 나무는 형태가 땅에 쌓여 만들어진다. 기가 쌓인 것이요, 흙덩이가 쌓인 것임을 안다면서 어째서 무너지지 않는다고 말할 수 있는가? 무릇 하늘과 땅이란 우주 가운데 있는 하나의 미세한 물건이지만, 형태가 있는 것 가운데 가장 큰 것이다. 끝도 없고 다함도 없는 것은 필연적이며, 헤아릴 수도 없고 알기도 어려운 것도 필연적이다. 하늘과 땅이 무너질까 봐 걱정하는 것은 확실히 정확한 인식에서 크게 벗어나 있지만, 그것이 무너지지 않는다고 말하는 것도 반드시 옳지만은 않다. 하늘과 땅은 무너지지 않을 수 없다. 언젠가는 끝내 무너질 것이다. 그것이 무너질 때가 되면 어찌 걱정하지 않을 수 있겠는가?"

열자가 그 말을 듣고 웃으면서 말했다.

"하늘과 땅이 무너질 것이라고 말한 것도 그릇되었고, 하늘과 땅이 무너지지 않는다고 말한 것도 그릇되었다. 무너진다거나 무너지지 않는다는 것에 대해 우리는 알 수 없다. 그렇기는 하지만 저쪽도 맞는 말이요, 이쪽도 맞는 말이다. 그러므로 태어날 때 죽음을 알지 못하고, 죽어서는 태어남을 알지 못한다. 올 때는 갈 것을 알지 못하고, 갈 때는 올 것을 알지 못한다. 그러므로 무너짐과 무너지지 않음에 관해 내 어찌 마음에 담아두겠는가?"

누가 내 몸을 소유하는가

◆◆

순임금이 신하 증(丞)에게 물었다.

"도란 얻어서 소유할 수 있는 것인가?"

증은 이렇게 대답했다.

"폐하의 육신도 폐하가 소유하고 있는 것이 아니거늘 어떻게 도를 얻어 소유할 수 있겠습니까?"

"내 육신을 내가 소유하고 있는 게 아니라면 누가 이것을 소유하고 있는 것인가?"

"육신은 하늘과 땅이 폐하에게 맡겨놓은 형태입니다. 생명도 폐하의 소유가 아니며, 하늘과 땅이 맡겨놓았을 뿐입니다. 자손도 폐하의 소유가 아니며, 하늘과 땅이 맡겨놓았을 뿐입니다. 그러므로 걸어가면서 머무를 곳을 모르고, 거처하면서 지닐 바를 모르며, 먹으면서 어떤 맛인지 모르는 것입니다. 하늘과 땅은 강력한 양의 기입니다. 어찌 감히 소유할 수 있겠습니까?"

무엇을 훔칠 것인가

◆◆

제나라의 국씨(國氏)는 큰 부자였고, 송나라의 상씨(向氏)는 아주 가난했다. 상씨가 송나라에서 제나라로 가서 국씨에게 부자가 되는 기술을 물었다. 국씨는 그에게 이렇게 일러주었다.

"나는 도둑질을 잘했을 뿐이오. 내가 도둑이 되어 처음 1년 만에 생활이 넉넉해졌고, 2년 만에 풍족해졌으며, 3년 만에 크게 풍성해졌소. 이때부터는 사람들에게 재물을 베풀어주는 데까지 미치게 되었소."

상씨는 크게 기뻐했다. 그런데 국씨가 도둑질을 했다는 말만 알아들었을 뿐, 도둑질하는 방법은 깨우치지 못했다. 마침내 상씨는 남의 집 담을 뛰어넘거나 집에 구멍을 뚫고 들어가서는 손과 눈이 닿는 대로 물건을 집어 왔다. 결국 얼마 되지 않아 도둑질한 물건이 탄로 나서 죄를 추궁받고, 그의 조상들이 쌓은 재산까지 몰수당하고 말았다.

상씨는 국씨가 자기를 속였다고 여겨, 그를 찾아가 원망했다.

국씨가 물었다. "당신은 어떻게 도둑질을 했소?"

상씨는 자기가 도둑질한 상황을 그대로 설명했다. 그러자 국씨는 이렇게 말했다.

"아! 당신이 도둑질하는 방법이 이렇게까지 잘못되었소? 지금 내 당신에게 일러드리겠소. 내가 듣건대 하늘에는 때가 있고 땅에는 이로움이 있다 하더이다. 나는 하늘의 때와 땅의 이로움을 훔친 것이오. 구름과 비의 윤택함 및 산과 못의 특산물로 벼를 기르고 작물을 번식시켰으며, 담을 쌓고 집을 지었소. 땅에서는 새와 짐승을 훔쳤고, 물에서는 고기와 자라를 훔쳤으니, 도둑질하지 않은 것이 없었소. 무릇 벼와 곡식, 흙과 나무, 새와 짐승, 그리고 물고기와 자라는 모두 하늘이 생육시키는 것이오. 어찌 나의 소유겠소? 그러나 하늘의 것을 훔쳤기 때문에 재앙을 받지 않았소. 무릇 금옥과 진귀한 보배, 곡식과 비단, 재화는 사람들이 모은 것이오. 어찌 하늘이 준 것이라 할 수 있겠소? 당신이 그것을 훔쳐 죄를 얻었으니 누구를 원망하겠소?"

상씨는 크게 미혹해서 국씨가 거듭 자신을 속이고 있다고 여겼다. 그리하여 동곽(東郭) 선생을 찾아가 가르침을 청했다. 동곽 선생은 이렇게 설명했다.

"사실 그대의 육신 하나조차도 도둑질한 것이 아니겠는가? 음과 양의 조화로운 기를 도둑질해 그대의 생명을 이루고, 그대의 형체를 담고 있는 것이라네. 하물며 외물이라면 도둑질하지 않은 것이 세상에 어디 있겠는가? 진실로 그렇다면 천지만물은 서로 완전히 떼어낼 수 없는 것이네. 자기 것이라 여겨서 그것을 소유하는 것도 미혹된 짓이네. 국씨의 도둑질은 공평하고 바른 도리(公道)에 따랐네. 그 때문에 재앙이 없는 것일세. 그러나 그대의 도둑질은 사심에 따랐네. 그 때문에 죄를 얻은 것이네. 사실, 공과 사를 나누는 것도 도둑질이며, 공과 사를 나누지 않는 것도 도둑질이네. 공을 공으로 보고 사를 사로 보는 것이 천지의 덕이네. 천지의 덕을 아는 자라면 누가 그를 보고 도둑이라고 하겠는가? 또 누가 그를 보고 도둑이 아니라고 하겠는가?"

제2편

황제의 깨달음

황제 · 黃帝

2편을 읽기 전에

◆ ◆

황제는 중국 전설 속에 전해지는 인물로, 전국시
대부터 도가의 시조로 여겨지기 시작했다. 이후
도가는 도교로 발전해갔다. 한나라 시대에는 황
제와 노자를 신봉한다고 해서 '황로'라는 칭호를
썼고, 더불어 황로사상 또는 황로교, 황로술(黃老
術)이 생겨났다. 2편은 성인과 신선 이야기를 통
해 황로술의 정치적 대처 방법인 무위이치(無爲
而治), 불로장생을 위한 양생술, 교화에 대한 깨
달음과 구체적인 실천을 담고 있다.

柔勝出於己者, 其力不可量

부드러움은 자기보다 나은 것을 이기므로 그 힘은 헤아릴 수 없다

천하를 다스리는 법

♦♦

황제가 천자의 자리에 즉위한 지 15년, 천하가 자신을 추대함을 즐거워하면서, 신체를 보양하고 춤과 노래로 귀와 눈을 즐겁게 하며, 코와입에 맞는 음식을 먹었다. 하지만 도리어 살갗이 바싹 마르고 기색이 검어지며 오정(五情)도 홀연히 흐려졌다.

또다시 15년이 흘러 이번에는 천하가 제대로 다스려지지 않음을 걱정했다. 자신의 모든 정력을 다하고 지력을 짜내 백성을 보살폈지만 역시 살갗이 바싹 마르고 기색이 검어지며 오정도 홀연히 흐려졌다. 황제는 이렇게 탄식했다.

"나의 잘못이 지나치다. 내 한 몸 보양하는 데도 고통이 이와 같고, 만물을 다스리는 데도 그 고통이 이와 같구나."

이에 모든 일을 내려놓고, 궁전의 침실을 떠났다. 시녀들을 물리치고, 쇠북 같은 악기를 치우고, 반찬 수도 줄였다. 물러나와 궁 밖의 넓은 뜰에 한가로이 머물면서 몸과 마음을 재계하며, 석 달 동안 정사를 직접 돌보지 않았다.

그런데 어느 날 낮잠을 자다가 화서(華胥)씨의 나라를 유람하는 꿈을 꾸게 되었다. 화서씨의 나라는 엄주의 서쪽, 태주의 북쪽에 있는데, 중국에서 도대체 몇천만 리나 떨어져 있는지 알지 못했다. 배나 수레를 타거나 다리의 힘으로 걸어서는 닿을 수 없으며, 오직 정신으로만 가볼 수 있는 곳이었다.

그 나라에는 이끄는 수장도 없었고 모든 것이 자연 그대로일 따름이었다. 백성은 취향이나 욕심이 없었고 일체를 자연에 순응하며 살아갔다. 삶을 즐거워할 줄도 모르고 죽음을 싫어할 줄도 몰랐다. 그 때문에 요절이라는 것도 없었다. 자신을 아껴 사랑할 줄도 모르며, 외물을 소홀히 여겨 멀리할 줄도 몰랐다. 그 때문에 이롭다거나 해롭다고 여길 것도 없었다. 모두가 아까워하며 애석하게 여기는 바도 없고, 어느 것 하나 두려워하면서 거리끼는 바도 없었다. 물에 들어가도 빠져 죽지 않고, 불에 들어가도 뜨겁게 여기지 않았다. 찍고 때려도 상하거나 고통을 느끼지 않고, 찌르고 긁어도 아파하거나 간지러워하지 않았다. 구름을 타고 공중을 날아다니기를 마치 땅을 밟듯이 하며, 허공에 누워 잠자는 것을 침상에 누워 잠자는 듯이 했다. 구름과 안개도 그들의 시각을 가리지 못하고, 우레도 청각을 어지럽히지 못하며, 산과 골짜기도 그들의 발걸음을 붙들어 매지 못했다. 그저 정신만이 드나들 뿐이었다.

황제는 잠에서 깨어난 뒤 매우 즐겁고 만족해했다. 그래서 천로(天老)와 역목(力牧), 그리고 태산계(太山稽)를 불러 이렇게 말했다.

"나는 석 달 동안 한가롭게 지내면서 마음속 잡념을 제거하고 몸의 욕망을 굴복시켰다. 내 몸을 보양하고 만물을 다스리는 도를 터득하려고 생각에 잠겼지만 그 이치를 깨닫지 못하고 있었다. 그러다 피곤해져 잠이 들었다가 꿈을 꾸었다. 그리고 이제야 지극한 도란 주관적 욕망으로 구할 수 있는 것이 아님을 알게 되었다. 나는 깨달았다! 나는 터득했다. 그러나 이를 그대들에게 말로 설명해줄 수는 없다."

또다시 28년이 흘렀다. 천하는 잘 다스려져서 거의 화서씨의 나라와 같아졌다. 그리고 나서 황제는 승하했다. 그 뒤로 백성이 2백여 년 동안 그에 대한 칭송을 그치지 않았다.

신인들이 사는 법

◆◆

　열고야산(邈姑射山)은 해하주(海河洲) 가운데 있다. 그 산 위에 신인들
이 머물고 있다. 신인들은 바람을 호흡하고 이슬을 마실 뿐, 오곡은 입
에 대지 않는다. 마음은 깊은 산의 샘물과 같고, 모습은 규방의 처녀와
같다. 치우친 마음이 없고 아까워하지도 않으면서, 선인과 성인을 자신
들의 신하로 삼는다. 위압을 부리지도 않고 노하지도 않으며, 마음이 곧
고 성실한 사람들을 수족으로 삼고 있다. 베풀지도 않고 혜택을 주지도
않지만 밖의 사물에 스스로 만족한다. 모으지도 않고 거두지도 않지만
스스로에게 부족함이 없다. 음양은 항상 조화를 이루고 일월은 언제나
밝게 비춘다. 사계절은 항상 순조롭고, 바람과 비는 언제나 균형을 이룬
다. 생물의 번식과 양육은 항상 때에 맞고, 곡식을 기르면 해마다 풍년
이 든다. 토지는 재해를 입지 않고, 사람은 요절이나 불행을 겪지 않는
다. 만물에는 재앙이 닥치지 않고, 귀신도 말썽을 부리지 않는다.

도를 배울 만한 그릇

♦♦

열자가 노상씨(老商氏)를 스승으로 삼고 백고자(伯高子)를 벗으로 삼아 두 사람의 도를 모두 터득한 다음, 바람을 타고 돌아왔다.

윤생(尹生)이 소문을 듣고 열자를 따라 모시느라 몇 달이 되도록 자신의 집은 돌보지도 못했다. 열자가 한가한 틈을 보아 술법을 배우려고 열 번이나 청했지만, 열자는 열 번 모두 일러주지 않았다. 결국 윤생은 원망하면서 떠나겠다고 청했다. 그런데도 열자에게서는 여전히 아무런 명이 없었다.

윤생은 집으로 돌아가 몇 달을 보냈지만 그래도 그만둘 수가 없어 다시 가서 열자를 모셨다. 그제야 열자가 물었다.

"그대는 어찌하여 오고 감이 잦은가?"

윤생이 말했다.

"이전에 제가 선생님께 배움을 청했지만 선생님께서 일러주지 않아 진실로 유감을 품었습니다. 지금은 다시 훌훌 털어버렸습니다. 그래서 다시 온 것입니다."

열자가 말했다.

"지난날 나는 그대를 통달한 사람으로 여겼는데 지금 그대의 비루함이 어떻게 이토록 심한 지경에 이르렀는가. 앉게. 내가 스승에게 배운 바를 그대에게 일러주겠네.

예전에 내가 노상씨를 스승으로 섬기고 백고자를 벗으로 삼은 지 3년이 지났네. 그제야 마음은 시비를 따지지 않게 되었고, 입으로는 득실을 논하지 않게 되었네. 그러자 선생님은 비로소 나를 한 번 보아주셨네.

다시 5년이 지나자, 마음속에서는 더욱더 시비에 대한 관념이 없어졌고, 입으로는 더욱더 득실에 관한 언급이 사라졌네. 그제야 선생님께서는 비로소 얼굴을 펴고 나를 향해 한 번 웃어주셨지.

다시 7년이 지나자, 마음이 생각하는 대로 따라도 더 이상 시비를 따지지 않게 되었고, 입이 말하는 대로 따라도 더 이상 득실을 따지지 않게 되었다네. 그제야 선생님께서는 비로소 나를 한 번 끌어 자리를 같이해주셨지.

다시 9년 뒤에는 마음이 생각하는 바를 비껴가고 입이 말하는 바를 비껴가도 나의 시비와 득실을 전혀 알지 못하게 되었으며, 상대의 시비와 득실조차 전혀 알지 못하게 되었다네. 그리하여 누가 나의 스승인지 누가 나의 벗인지도 알지 못하게 되었네. 안팎의 경계를 잊어버린 것이었지.

그 뒤에는 눈이 귀와 같고, 귀가 코와 같고, 코는 입과 같아서, 모든 구별이 없어졌다네. 마음이 응결되고 몸은 사라져서 뼈와 살이 모두 융합했고, 몸이 의지하고 있는 바와 발이 밟고 있는 바를 깨닫지 못한 채 바람을 따라 동서로 흐르기가 마치 나뭇잎이나 매미 껍질처럼 되었다네. 그리하여 마침내 바람이 나를 타는 것인지, 내가 바람을 타는 것인지도 알지 못하게 되었네.

지금 그대는 나의 문하로 들어온 지 얼마 되지도 않았는데 벌써 몇 차례나 원망했네. 그대의 몸 한 조각도 기를 받아들이지 않고 있으며, 그대의 몸 한 마디조차 대지를 받아들이지 않고 있는데, 허공을 밟고 다니며 바람을 타는 일을 어찌 감히 바랄 수 있겠는가?"

윤생은 너무나 부끄러워 한동안 숨도 쉬지 못했고, 감히 다시는 그에 관한 말을 꺼내지 못했다.

지극한 경지에 이르는 법

◆◆

열자가 관윤(關尹)에게 물었다.

"도술이 지극히 높은 지인(至人)은 물속에서 움직여도 숨이 막히지 않고, 불을 밟아도 뜨거움을 느끼지 않으며, 만물 위의 가장 높은 곳을 다녀도 두려워하지 않는다고 했습니다. 여쭙건대 어떻게 하면 그러한 경지에 이를 수 있습니까?"

관윤이 대답했다.

"순수한 기를 쌓았기 때문이다. 지혜와 기교와 용기 따위로 이를 수 있는 경지가 아니다. 앉아라. 내가 일러주마.

무릇 모습, 형상, 소리, 색깔이 있는 것은 모두가 물(物)이다. 물과 물이 어찌하여 서로 크게 다르겠는가? 무엇이 어떤 사물을 다른 사물보다 뛰어나게 만들겠는가? 이는 겉모양일 따름이다.

그러나 어떤 사물은 모양이 없는 상태에 이르고, 변화가 없는 상태에 머무른다. 이러한 상태에 있을 때 제아무리 그것을 들여다본다고 해도 어찌 정확하게 인식할 수 있겠는가? 이런 사물은 평범한 상태로 드러나고, 시작도 끝도 없는 순환 속에 숨어 있으며, 만물이 시작하고 끝나는 곳에서 노닌다.

본성을 다듬고, 기를 배양하며, 덕을 깊이 지녀서 가장 높은 사물에 통달해야 한다. 이와 같은 사람이라면 하늘에서 받은 순수한 기를 온전히 쌓아 정신에 틈이 생길 수 없다. 그러니 외물이 어떻게 끼어들 수 있겠는가?

무릇 술 취한 사람이 수레에서 떨어지면 비록 다치기는 해도 죽지는 않는다. 몸은 다른 사람과 같지만 해를 입는 정도는 다른 사람들과 다르다. 그의 정신이 완전해서 수레를 타고 있는 줄도 알지 못하고 떨어지는 줄도 알지 못하기 때문이다. 그의 가슴에는 죽음과 삶에 대한 놀라움과 두려움이 들어 있지 않다. 이 때문에 어떤 일을 당해도 두려워하지 않는 것이다.

술에 의해 완전함을 얻은 사람조차 이와 같거늘, 하물며 하늘이 준 순수한 기를 쌓아 완전함을 얻은 사람은 어떠하겠는가? 성인은 하늘에서 받은 순수한 기에 자신을 감춘다. 그래서 만물이 그에게 피해를 주지 못하는 것이다."

활을 쏘지 않는 활쏘기

◆◆

열어구가 백혼무인에게 활솜씨를 보여주었다. 활시위를 끝까지 당기고 팔꿈치 위에 물 한 잔을 얹어놓은 다음 활을 쏘았다. 그런데 활을 쏘아 화살이 나가자마자 또 다른 화살이 깍지에 끼워져 있었고, 그 화살이 나가자마자 다시 또 다른 화살이 시위에 메겨져 있었다. 이때 그의 모습은 마치 깎아놓은 인형처럼 흔들림이 없었다.

백혼무인이 물었다.

"이것은 활을 쏘려는 유심(有心)의 활쏘기이지 활을 쏘지 않으려는 무심(無心)의 활쏘기는 아니라네. 함께 높은 산에 올라가 위태롭게 솟은 바위를 밟고 백 길의 깊은 못을 앞에 두고 선다면 어떻겠는가? 그래도 자네는 그렇게 쏠 수 있겠는가?"

백혼무인은 그를 데리고 마침내 높은 산에 올라가 우뚝 솟은 바위를 딛고 섰다. 백 길의 깊은 못을 앞에 두고 뒤로 돌아 몇 걸음 물러섰다. 발을 벼랑에 반쯤 디뎌 절반은 허공에 두고 열어구에게 읍하며 다가오라고 했다. 열어구는 놀라서 땅에 엎드렸다. 땀이 발꿈치까지 흘러내렸다.

백혼무인이 말했다.

"무릇 도술이 높은 지인은 위로는 푸른 하늘을 엿보고 아래로는 황천에 스며들며, 팔극을 휘젓고 다녀도 정신과 기가 변하지 않는 법이라네. 지금 자네는 두려워 눈이 깜박이고 있으니, 활을 쏴도 적중하기는 어려울 것 같네!"

지극한 믿음은 만물과 감응한다

♦♦

범씨 가문에 자화(子華)라고 불리는 아들이 있었다. 사사로이 사람들을 길러 온 나라가 그에게 복종했다. 진(晉)나라 임금의 총애를 받아, 벼슬을 하지 않으면서도 삼경의 오른편에 설 정도였다. 진나라에서는 그가 눈길만 잠시 준 사람이라고 해도 벼슬을 얻었고, 입으로 살짝 비난만 한 자라도 자리에서 쫓겨날 정도였다. 그의 집은 드나드는 사람들이 많아 조정에 비길 만큼 성황을 이루었다.

자화는 그의 협객들에게 지혜의 높고 낮음을 가지고 서로 공격케 했고, 강함과 약함으로 서로 능멸하도록 했다. 비록 눈앞에서 다치거나 피를 흘리는 상황이 벌어져도 개의치 않았다. 밤낮으로 이러한 놀이를 즐거움으로 삼자, 온 나라에서 이것이 거의 풍속이 되고 말았다.

화생(禾生)과 자백(子伯)은 범씨 가문의 상객이었다. 그들은 길을 나서서 교외를 지나다가 농사짓는 늙은이 상구개(商丘開)의 집에서 묵게 되었다. 그런데 밤중에 화생과 자백 두 사람이 자화의 명성과 세도를 화제로 삼았다. 자화가 산 사람을 죽이고 죽어야 할 사람을 살릴 수 있으며, 부자를 가난하게 만들고 가난한 사람을 부유하게 만들 수 있다는 등의 이야기였다.

상구개는 이전부터 굶주림과 추위를 겪으며 고생했는데, 마침 창 북쪽에 숨어서 이 이야기를 엿듣게 되었다. 그리하여 양식을 빌려 삼태기를 짊어지고 자화의 집을 찾아갔다.

자화의 문하 무리는 모두가 세족이었다. 그들은 비단옷을 걸치고 높은 수레를 탄 채 느린 걸음으로 그를 두루 둘러보았다. 상구개가 늙고 약하며, 얼굴이 검고 의관도 제대로 갖추지 못했음을 보자 깔보지 않는 이가 없었다. 이윽고 그를 마구 대하며 속이고 모욕을 주면서, 밀치고 쥐어박고 때리고 뜯으며 못살게 굴었다. 그런데도 상구개는 조금도 성내는 표정이 없었다. 결국 모든 사람들이 놀리는 재주조차 다해서 희롱하고 비웃다가 지치고 말았다.

어느 날 그들은 상구개를 데리고 함께 높은 누각에 올라갔다. 그들 중 한 명이 사람들에게 아무렇게나 지껄였다.

"여기서 뛰어내릴 수 있는 사람에게는 상으로 백 금을 주겠다."

모두들 앞다투어 나서자 상구개는 정말 이것이 사실인 줄로 믿게 되었다. 그래서 마침내 남보다 앞서 뛰어내렸는데, 새처럼 가볍게 날아 땅에 닿았으며, 피부나 뼈 한 군데라도 다친 곳이 없었다. 범씨 무리는 이것이 우연이라 여겨 크게 괴이하게 생각지 않았다. 그래서 이번에는 다시 강물이 굽이치는 깊은 곳을 가리키면서 이렇게 제안했다.

"저 속에 진귀한 구슬이 있는데 헤엄쳐 들어가면 건져낼 수 있다."

상구개는 다시 그 말을 믿고 헤엄쳐 물속으로 들어갔다. 그런데 잠시 후 과연 구슬을 가지고 나오는 게 아닌가. 여러 사람들은 그제야 모두 이상하게 여겼고, 자화도 비로소 고기를 먹고 비단옷을 입을 수 있는 서열에 상구개를 넣어주었다.

얼마 후 범씨 집 창고에 큰불이 났다. 그러자 자화가 말했다.

"만약 불 속으로 들어가 비단을 꺼내 오는 자가 있다면 꺼내 온 양에 따라 상을 주겠다."

상구개는 조금도 거리끼지 않고 불 속으로 뛰어들었다. 아무런 힘든 기색도 없이 불 속을 오가는데 얼굴에 티끌 하나 묻지 않았고 몸도 그을리지 않았다.

범씨 무리는 그가 도술을 익혔다고 여기고, 모두 사과하며 말했다.

"저희는 당신이 도술을 알고 있는지도 모르고 속였습니다. 당신이 신인임을 모르고 욕보였습니다. 저희에게 어리석다고 해도, 저희에게 귀머거리라고 해도, 저희에게 장님이라고 해도 할 말이 없습니다. 감히 그 도술을 배우고 싶습니다."

상구개는 이렇게 말했다.

"저는 도술을 알고 있지 않습니다. 제가 생각해도 어찌 된 일인지 까닭을 모르겠습니다. 그렇긴 하지만 한 가지 느끼는 바가 있으니 말하겠습니다. 예전에 당신들 중 두 분이 손님으로 제 집에 묵은 일이 있었습니다. 그들이 범씨의 권세를 자랑하는 이야기를 들었는데, 산 사람을 죽일 수도 있고 죽어야 할 사람을 살릴 수도 있으며, 부자를 가난하게 만들 수도 있고 가난한 사람을 부자로 만들 수도 있다고 하더군요. 저는 그 말을 두마음 없이 진실로 믿었습니다. 그래서 먼 길을 마다하지 않고 찾아온 것입니다. 여기에 이르러서도 당신들의 말을 모두 사실이라고 믿었습니다. 오직 제가 성실하지 않거나 행동이 빠르지 못할까 봐 걱정했을 뿐, 몸뚱이의 안전과 이해관계는 따지지 않고, 오로지 마음을 한결같이 했습니다. 외물도 이런 제 마음을 바꿀 수 없었으니, 오직 이와 같을 뿐이었습니다.

지금에야 비로소 당신들이 나를 속였음을 알게 되어 제 마음속에 의심과 염려가 들어와 앉게 되었고, 밖으로는 보고 듣는 것을 조심하게 되었습니다. 돌이켜 생각해보면 지난날 타지도 않고 물에 빠지지도 않던 것은 요행이었습니다. 지금은 도리어 놀란 듯이 몸 안이 뜨겁고 두려워서 가슴이 떨립니다. 그러니 물과 불을 어찌 가까이할 수 있겠습니까?"

그 뒤로 범씨 무리는 길에서 거지나 마의(馬醫)처럼 보잘것없는 사람을 만나더라도 모욕하는 일이 없었고, 반드시 수레에서 내려 읍을 하게 되었다.

재아가 이를 듣고 중니에게 알렸다. 중니는 이렇게 말했다.

"너희는 알지 못하느냐? 무릇 지극한 마음을 가진 사람은 만물과 감응할 수 있다. 천지와 귀신을 감동시켜 육합을 횡행하되 거스르는 것이 없다. 어찌 위험한 곳이나 물과 불에 뛰어들어도 몸이 다치지 않는 데만 그치겠느냐? 상구개는 거짓말을 믿었는데도 장애를 만나지 않았거늘, 하물며 서로가 모두 진실한 경우에는 어떻겠는가? 너희는 이것을 똑똑히 기억해두어라."

호랑이를 기르는 법

◆◆

　주선왕(周宣王)의 짐승을 관리하는 목정(牧正) 가운데 양앙(梁鴦)이란
역인(役人)이 있었다. 그는 야생 금수를 잘 길렀다. 집 뜰 안에서 사육하
면 사나운 호랑이와 이리, 매나 독수리 같은 종류도 유순하게 길들여지
지 않는 법이 없었다. 암수가 교미해 새끼를 치고 무리를 이루었으며,
서로 다른 종류가 섞여 있으면서도 싸우거나 물어뜯는 경우가 없었다.
임금은 양앙의 재주가 그 한 사람에게서 끝날 것을 걱정해 모구원(毛丘
園)에게 기술을 전수받도록 명했다. 그러자 양앙이 이렇게 말했다.

　"저는 천한 일꾼일 뿐입니다. 당신에게 일러줄 만한 재주가 뭐가 있
겠습니까? 그러나 임금께서 제가 당신에게 거짓말을 한다고 여기실까
봐 두려우니 제가 호랑이 기르는 방법 하나만 알려드리겠습니다.

　무릇 뜻을 따라주면 즐거워하고 뜻을 거스르면 노하는 것이 바로 혈
기를 지닌 동물의 본성입니다. 그러나 즐거움과 화가 아무 이유 없이 발

산되겠습니까? 모두 습성을 거스르기 때문에 그렇게 되는 것입니다.

무릇 호랑이를 기르는 사람은 살아 있는 것을 먹이로 주어서는 안 됩니다. 살아 있는 것을 죽이기 위해 화를 낼 수밖에 없기 때문입니다. 먹이를 통째로 주어서도 안 됩니다. 그것을 잘게 찢기 위해 화를 낼 수밖에 없기 때문입니다. 언제 배가 부르고 언제 배가 고픈지를 알고, 왜 화를 내는지 알아차릴 수 있어야 합니다.

호랑이는 사람과 다른 종류이지만 자기를 길러주는 자를 따릅니다. 그가 자신의 뜻을 거스르지 않기 때문입니다. 호랑이가 사람을 해치는 것은 그가 자신의 뜻을 거스르기 때문입니다. 그러니 제가 어찌 감히 뜻을 거슬러서 호랑이를 노하게 하겠습니까?

물론 굳이 순종해서 기쁘게 할 필요도 없습니다. 즐거움이 다하고 나면 반드시 화를 내게 되고, 화가 다하면 언제나 즐거워지는 것이니, 이 모두가 중용이 아닙니다.

지금 제 마음에는 거스름도 없고 순종함도 없습니다. 그래서 새와 짐승이 저를 보면 마치 친구처럼 여깁니다. 제 정원에서 노니는 것들은 큰 숲과 넓은 못을 그리워하지 않으며, 제 집 뜰에서 잠자는 것들은 깊은 산과 그윽한 골짜기를 바라지 않습니다. 자연의 이치가 그렇게 만드는 것입니다."

배 다루는 기술

◆◆

안회가 중니에게 물었다.

"제가 일찍이 상심(觴深)이라는 못을 건널 때 보니 뱃사공이 배 다루는 것이 귀신같더군요. 그래서 제가 물었지요. '배 다루는 것은 배울 수 있는 일입니까?' 그러자 뱃사공은 이렇게 대답했습니다. '가능하지요. 헤엄칠 줄 알면 배울 수 있습니다. 헤엄을 잘 치는 자는 기술도 능하지요. 이를테면 잠수할 줄 안다면 비록 배를 본 적이 없다 해도 곧바로 배를 다룰 줄 알지요.' 제가 다시 이유를 물었지만 그는 더 이상 일러주지 않았습니다. 뱃사공의 말이 무슨 뜻입니까?"

공자가 말했다.

"그랬구나! 너는 나와 문장을 익혀온 지 오래되었으면서도 아직 실제에 적용할 정도로는 도달하지 못했구나. 내가 너에게 이야기해주겠다. 헤엄칠 줄 아는 자가 배울 수 있다고 한 것은 그가 물을 두려워하지 않

70

기 때문이다. 헤엄을 잘 치는 사람이 기술도 능하다고 한 것은 그가 그것이 물이라는 사실을 잊기 때문이다. 잠수하는 사람은 배를 본 적이 없더라도 곧바로 배를 다룰 줄 안다고 한 것은, 그가 깊은 못을 언덕처럼 여겨 배가 뒤집히는 일을 마치 땅에서 수레가 뒤로 구르는 정도로 여기기 때문이다. 뒤집히고 뒤로 구르는 만물을 바로 눈앞에 늘어놓아도 그의 마음 어느 구석으로도 들어오지 못하는 것이다. 그러니 어디를 간다한들 여유로움이 없겠느냐?

기왓장을 걸어놓고 던질 때는 아주 잘 던지는 사람도, 기왓장 대신 비싼 은장식을 걸어놓고 하면 겁을 내고, 황금을 걸고 하면 더욱더 실력을 발휘하지 못하고 만다. 기교는 같지만 비싼 물건이라서 본질보다 그 외의 것을 중히 여기기 때문이다. 몸 밖의 외물을 중히 여기는 자는 마음속으로 실수가 많아지는 법이다."

헤엄을 잘 치는 방법

◆◆

공자가 여량(呂梁)에 유람하러 가서 급류를 구경하고 있었다. 매달린 듯 쏟아지는 물은 서른 길이나 되고 물거품을 내며 흐르는 물이 삼십 리나 길게 뻗쳐 있었다. 남생이나 악어, 물고기, 자라라도 헤엄칠 수 없을 만큼 거센 물살이었다. 그런데 한 사내가 그 가운데서 헤엄치고 있는 게 보였다. 공자는 그가 세상이 괴로워 자살하려는 사람인 줄 알고 제자들에게 물살을 따라가 알맞은 곳에서 그를 건져주도록 했다.

그러나 그는 수백 보 거리를 헤엄쳐 내려간 다음 물가로 나와서는 머리를 풀어헤친 채 노래를 부르며 걸어 올라가 언덕 위를 거닐었다. 공자는 그를 따라가서 물었다.

"여량의 폭포는 서른 길이나 되는 높이에 물거품은 삼십 리에 뻗쳐 흐르고 있어 남생이나 악어, 물고기, 자라조차 헤엄칠 수 없는 곳입니다. 방금 나는 당신이 물에 들어가는 것을 보고 세상이 괴로워 자살하려는 줄 알고 제자들에게 물결을 따라 내려가 건져주도록 했습니다. 그런데 당신은 물에서 나와 머리를 풀어헤친 채 노래를 부르며 어슬렁거리더군요. 나는 당신이 귀신이 아닌가 했는데 자세히 살펴보니 사람임에 틀림없군요. 헤엄을 치는 데도 어떤 도가 있습니까?"

그가 대답했다.

"없습니다. 저 같은 사람에게 무슨 도가 있겠습니까? 연고에 맞추어 시작했고 습성으로 자라서 천명이 된 것입니다. 소용돌이와 함께 물 한가운데로 들어가 용솟음과 더불어 수면으로 나올 뿐입니다. 물의 도가 그러하니 따르기만 할 뿐, 제가 따로 사사로이 익힌 것은 없습니다. 이것이 제가 헤엄치는 방법입니다."

공자가 물었다. "연고에 맞추어 시작해 습성으로 자라서 천명이 되었다는 것은 무엇을 뜻합니까?"

그가 대답했다. "저는 언덕에서 태어났는데 그러다 보니 언덕에서도 마음 편히 지낼 수 있었습니다. 이것이 연고입니다. 나중에 물가에서 자라면서 마음 놓고 물에 드나들었습니다. 이것이 습성입니다. 또 어떻게 그렇게 되는지 이유도 모르고 성공했으니 천명이 되었다고 말한 것입니다."

매미를 놓치지 않는 방법

◆◆

공자가 초나라에 갔다. 숲을 지나면서 어떤 꼽추 노인이 공중에서 매미를 잡는 것을 보게 되었다. 그 모습이 마치 땅에 떨어진 물건을 줍는 것과 같았다. 공자가 말했다.

"당신이 매미 잡는 방법이 기묘하군요! 거기에 어떤 비결이 있습니까?"

그가 대답했다. "비결이 있지. 오뉴월에 막대기 끝에 진흙으로 만든 공을 두 개 쌓아놓고 떨어뜨리지 않는 훈련을 한다오. 그렇게 할 수 있으면 매미를 놓치는 일이 극히 적다오. 세 개를 쌓아놓고도 떨어뜨리지 않으면 열에 하나 놓칠까 말까 하는 정도가 되지. 다섯 개를 쌓아놓고도 떨어뜨리지 않을 정도라면 마치 매미를 줍는 것 같은 경지에 오른다오. 몸은 마치 그루터기를 세워놓은 것 같고, 팔은 마치 마른 나뭇가지 같다오. 비록 하늘과 땅이 크고 만물이 많다고 해도 그저 매미 날개만 생각할 뿐이라오. 몸을 젖히지도 않고 기울이지도 않으며, 만물로 인해 매미 날개를 잊어버리지도 않는데 어찌하여 잡지 못하겠소?"

공자는 제자들을 돌아다보면서 말했다.

"지닌 뜻을 분산시키지 않는다면 곧 귀신과 견줄 만하게 된다더니, 바로 꼽추 어른 같은 이를 두고 하는 말이로다!"

꼽추가 말했다.

"당신이 옷 입은 모습이 선비 같은데 어찌 이런 하찮은 것을 묻는 것이오? 그대가 하는 일이나 잘 닦고 나서 이런 데 신경 쓰도록 하시오."

갈매기와 벗하는 마음

◆◆

바닷가에 갈매기를 매우 좋아하는 사람이 있었다. 그는 매일 아침 바닷가로 나가 갈매기들과 놀았는데 그가 나타나면 모여드는 갈매기들이 백 마리도 넘었다. 어느 날 그의 아버지가 이렇게 말했다.

"갈매기들이 모두 너만 나타나면 모여든다면서? 그중 몇 마리만 잡아 오너라. 나도 좀 가지고 놀게."

그런데 다음 날 그가 바닷가로 나갔더니 갈매기들은 주위를 맴돌기만 할 뿐 가까이 내려오지 않았다.

그래서 이런 말이 있는 것이다.

"최고의 말이란 말로 뱉어내지 않는 데 있고, 최고의 행동이란 행동하지 않는 데 있다. 모든 지혜로운 앎이란 천박하다."

마음을 버리고 생각을 없애다

◆◆

　조양자(趙襄子)가 십만의 무리를 이끌고 중산으로 사냥을 나갔다. 풀을 쓰러뜨리며 숲을 태워 타오르는 불길이 백 리 밖까지 뻗쳤다. 그런데 그때 어떤 사람이 절벽 바위굴에서 나와 연기와 불꽃을 따라 오르내렸다. 모두들 그가 귀신인 줄로 여겼다. 불길이 지나가자 그는 유유히 걸어서 나왔는데 마치 아무 일도 없었다는 듯한 태도였다.

　조양자가 이상히 여겨 그를 막아서며 천천히 훑어보았다. 그 모습이나 혈색은 물론, 이목구비 등 일곱 개 구멍이 나 있는 걸 보니, 틀림없이 사람 그대로였다. 숨 쉬는 것이나 말하는 목소리도 사람이었다. 양자가 물었다.

　"무슨 도술을 지니고 있어서 바위에서 살 수 있습니까? 무슨 도술을 지니고 있기에 불 속에 들어갈 수 있습니까?"

　그러자 그는 이렇게 되물었다.

"무엇을 바위라 하고, 무엇을 불이라 일컫는 것입니까?"

"당신이 방금 나온 곳이 바위고, 조금 전에 건너온 것이 불입니다."

"저는 잘 모르겠습니다."

위나라 문후가 이 이야기를 듣고 공자의 제자 자하에게 물었다.

"그 사람은 어떤 사람입니까?"

자하가 말했다.

"우리 선생님 말씀에 따르면 만물과 조화를 이루어 하나가 된 사람은 어떤 것도 그를 해치거나 막을 수 없습니다. 쇠와 돌 속으로 들어가는 일이나 물과 불 속으로 들어가는 일도 가능합니다."

문후가 말했다.

"그대는 어째서 그렇게 하지 않습니까?"

자하가 대답했다.

"저로서는 마음을 도려내고 생각을 없애버리는 일을 아직 할 수 없습니다. 다만 그에 관해 설명할 수 있을 뿐입니다."

문후가 말했다.

"공자께서는 어째서 그렇게 하지 않습니까?"

자하가 대답했다.

"우리 선생님께서는 그렇게 할 수 있지만, 하고 싶어 하지 않으실 뿐입니다."

문후는 그 말을 듣고 크게 기뻐했다.

무당을 놀라게 하다

◆◆

어떤 신통한 무당 하나가 제나라에서 정나라로 와서 살고 있었다. 그의 이름은 계함(季咸)이라고 했다. 그는 사람들의 생사와 존망, 화복, 수명에 대해 알 수 있었다. 어느 해, 어느 달, 어느 날인지까지 마치 귀신처럼 알아맞혔다. 정나라 사람들은 그를 보면 모두 피해 달아났다.

그런데 열자는 그를 보고 오히려 마음이 끌렸다. 집으로 돌아가 호구자에게 이를 전했다. "저는 처음에는 선생님의 도가 가장 높다고 여겼는데, 더 높은 것이 있더군요."

그러자 호구자가 이렇게 말했다.

"나는 너에게 도학은 다 가르쳐주었지만 실질적인 것은 보여주지 못했으니, 진실로 도를 터득했다고 할 수 없지 않겠느냐? 암컷이 아무리 많다 해도 수컷이 없으면 어찌 알을 낳겠느냐? 만약 내가 무당과 도를 겨루는 것을 보면 너는 반드시 나를 믿게 될 것이다. 그러니 무당을 데리고 와서 나의 관상을 보게 해 시험해보도록 하자."

다음 날 열자는 무당을 데리고 와서 호구자를 만났다. 호구자를 만나고 나온 무당이 열자에게 말했다.

"아! 당신 스승은 곧 죽을 것이오. 앞으로 열흘 정도도 살지 못할 것 같소. 물에 젖은 재처럼 형색이 괴이했소."

열자는 안으로 들어가 옷깃에 눈물을 적시며 호구자에게 이 사실을 고했다. 그러자 호구자가 말했다.

"조금 전 내가 그에게 보여준 것은 대지의 형상이었다. 나는 조용히 있으면서 움직이지도 멈추지도 않았다. 이를 보고 그는 아마 내 덕기(德幾)가 막혀 있다고 여겼을 것이다. 다시 데려와 시험해보아라!"

다음 날, 열자는 다시 무당을 불러 호구자를 만났다. 무당은 밖으로 나오면서 열자에게 이렇게 말했다.

"다행이오! 당신 스승이 나를 만나 병이 나은 것이오. 확연히 생기가 돌았소. 그에게 막혔던 것이 사라진 게 보였소."

열자가 들어가 호구자에게 고하자 그가 말했다.

"방금 나는 그에게 하늘과 땅의 상을 보여주었다. 명분과 실질이 마음을 어지럽히지 않으며, 기가 발뒤꿈치로부터 발동하는 모습이었다. 이로써 막힌 것이 꿈틀거리게 된 것이다. 그는 아마 내 선기(善幾)를 본 것이리라. 다시 데려와 시험해보아라."

다음 날, 열자는 다시 무당을 불러 호구자를 뵈었다. 무당은 밖으로 나오면서 이번에는 이렇게 말했다.

"당신 스승의 앉은 모습이 안정되지 않아 관상을 볼 수 없었소. 심신이 안정이 되면 다시 관상을 봐드리겠소."

열자가 들어가 이 말을 고하자 호구자는 이렇게 말했다.

"방금 나는 그에게 마음이 맑고 깨끗한 상을 보여주었다. 그래서 아마 수평선처럼 평온한 모습을 보았으리라. 때로는 물이 소용돌이치는 연못과 같고, 때로는 물이 잔잔히 머무는 연못과 같고, 때로는 물이 흐르는 연못과 같고, 때로는 물이 넘치는 연못과 같고, 때로는 물이 떨어지는 연못과 같고, 때로는 물이 스며 나오는 연못과 같고, 때로는 갈라졌던 물이 다시 모여드는 연못과 같고, 때로는 흘러가는 물길이 모여드는 연못과 같고, 때로는 여러 갈래 물길이 모여드는 연못과 같이 되니 이를 일러 구연(九淵)이라 한다. 다시 데려와 시험해보아라!"

이튿날 다시 무당을 불러 호구자를 뵈었다. 그런데 그는 앉지도 못하고 서 있다가 그만 아연실색하여 달아나버렸다. 호구자가 말했다. "뒤쫓아라."

열자가 그를 뒤쫓았지만 따라잡지 못하고 돌아와 호구자에게 보고했다. "이미 흔적도 없습니다. 벌써 사라지고 말았습니다. 미처 따라잡을 수 없었습니다."

호구자가 말했다.

"방금 나는 그에게 아직 드러나지 않은 나의 본래 면목을 보여주었다. 어디에도 얽매이지 않고 그와 함께 변화하여 누가 누구인지 알지 못하는 상태를 만든 것이다. 이 때문에 바람에 나부끼는 풀로 여기다가 다시 흐르는 물결의 모습인가 여겼던 것이다. 무당은 놀라 도망치지 않을 수 없었을 것이다."

이런 일이 있고 나서 열자는 자신이 학문을 채 시작하지도 못했다고 여기고 집으로 돌아와버렸다. 그리고 3년 동안 집 밖에 나가지 않고 아내를 대신해 밥을 짓고, 돼지 먹이기를 마치 사람 먹이듯 했다. 어떤 일에든 애착하지 않게 되었고, 겉을 꾸미고 다듬는 마음을 버리고 순박한 생활로 되돌아왔다. 몸은 홀로 세상에 우뚝 세우고 번잡한 세상과 거리를 유지하며, 한결같은 모습을 끝까지 이어나갔다.

어떻게 사람을 따르게 만드는가

◆◆

열자가 제나라로 가다가 도중에 되돌아오는데, 오는 길에 백혼무인을 만났다. 백혼무인이 열자에게 물었다.

"자네는 어찌하여 되돌아오는가?"

열자가 말했다.

"놀라운 일을 겪었네."

"무슨 일로 놀랐나?"

"밥집이 열 집쯤 있는 곳을 지나게 되었는데 그중 다섯 집에서 먼저 나서서 나를 대접하겠다고 했네."

백혼무인이 물었다.

"그런 일에 왜 놀랐다는 것인가?"

열자는 이렇게 설명했다.

"무릇 마음속 정욕이 사라지지 않은 사람이 겉으로 드러난 행동거지만 훌륭하게 꾸미면서 남의 마음을 사로잡고 노인처럼 대접을 받으면 우환이 찾아오는 법이네. 무릇 먹을 것을 만들어 파는 사람은 많은 이익을 얻고 싶어 하네. 그래도 그들이 벌어들이는 이익은 매우 작고, 권세도 작네. 그런데도 그들은 나를 이렇게 후하게 대접했네. 하물며 만승의 군주라면 몸이 나랏일로 수고롭고 지력은 정사에 다 소모해야 하네. 그런 사람이 나를 임용해 일하게 하면 성과를 거두기를 바랄 것일세. 그래서 나는 두려움을 느꼈다네."

백혼무인이 말했다.

"정확하게 보았네! 처신을 잘해야 하네. 그러지 않으면 장차 사람들이 그대를 추켜세울 것이네."

얼마 후 백혼무인이 열자의 집에 가보았더니 문밖에 신발이 가득했다. 백혼무인은 북쪽을 향해 서서 지팡이를 세워 턱을 얹었다. 그렇게 한참을 서 있다가 그만 말없이 발길을 되돌렸다.

열자의 빈객이 이를 보고 열자에게 알리자 열자는 신발을 든 채 맨발로 달려 나가 그 집 문까지 따라가 물었다.

"어째서 이렇게 왔다가 약이 될 말 한마디 없이 되돌아섰는가?"

백혼무인은 이와 같이 설명했다.

"그만두게. 내 이미 자네에게 말하지 않았는가? 사람들이 장차 추켜세울 것이라고. 과연 그러하더군. 자네에게 능력이 있어서 사람들이 자네를 추켜세우는 것이 아닐세. 오히려 자네에게 능력이 없어서 사람들이 자네를 추켜세우는 것일세. 자네는 어떤 언행으로 사람들의 마음을 움직였는가? 자네는 언행으로 남을 감동시키면 스스로 남과 달라진다는 사실을 알았어야 하네. 게다가 사람들이 감동하게 되면 자네 본성도 사람들에 의해 흔들릴 것이니, 역시 아무런 의미가 없네. 자네와 더불어 노니는 자들은 잘못을 지적해줄 수 없네. 그들이 하는 말이란 하잘것없어서 모두가 남에게 해독을 끼치는 것일세. 서로 깨닫도록 돕지 않는데 누가 누구를 따를 수 있겠는가?"

최고의 덕은 부족해 보인다

◆◆

　양주(楊朱)가 남쪽 패 땅으로 가려고 할 때, 노자가 서쪽 진나라로 놀러 왔다. 양주가 교외에서 기다려 양나라에서 노자를 만나게 되었다. 노자가 도중에 하늘을 우러러 탄식했다.

　"애초에는 그대를 가르칠 만하다고 여겼는데 지금은 가르칠 수 없겠군."

　양주는 아무런 대꾸도 하지 않았다. 객사로 돌아가 노자에게 세숫물과 양칫물, 수건과 빗을 드린 다음, 신발을 벗어놓고 무릎걸음으로 나아가 말했다.

　"방금 전에 선생님께서는 하늘을 우러러 탄식하면서 '애초에는 가르칠 만하다고 여겼지만 지금은 가르칠 수 없다'고 하셨습니다. 제가 그때 여쭈려고 했지만 선생님이 틈을 주지 않아 감히 여쭙지 못했습니다. 지금은 선생님께서 시간이 있으시니 청컨대 저의 잘못이 무엇인지 여쭙습니다."

노자는 이렇게 대답했다.

"그대가 눈을 부릅뜨고 오만한 기색을 드러내니 누가 그대와 함께하고자 하겠는가? 지극히 흰 것은 검은 듯 보이고 풍성한 덕일수록 부족한 듯 보이는 법이라네."

양주는 송구스러운 얼굴빛으로 말했다.

"가르침을 잘 받들겠습니다."

양주가 노자를 만나기 전에 여관에 들어갈 때만 해도 여관 주인은 매우 공경하며 그를 맞이하고 자리를 안내했다. 그의 아내는 수건과 빗을 가져다주었다. 객사에 든 사람들은 자리를 비켜주었고 불을 쬐던 사람들도 아궁이를 양보할 정도였다. 하지만 그가 노자를 만나고 돌아갈 때는 사람들이 그와 자리다툼까지 하게 되었다.

뽐내는 사람과 뽐내지 않는 사람

◆ ◆

양주가 송나라 동쪽을 지나다 여관에 묵게 되었다. 여관 주인에게 첩이 둘 있었는데 그중 하나는 미인이었으며 다른 하나는 아주 못생겼다. 그런데 못생긴 여자는 존중을 받고 미색이 뛰어난 여자는 천대를 받고 있었다. 양주가 그 까닭을 물었다. 그러자 여관에서 일하는 사람이 이렇게 설명했다.

"미색이 뛰어난 여자는 스스로 예쁘다고 뽐내지만 저는 그 여자가 예쁜지 모르겠습니다. 못생긴 여자는 스스로 못생겼다고 하지만 저는 그 여자가 못생겼는지 모르겠습니다."

양주가 제자들에게 말했다.

"너희들은 잘 기억해두어라. 어진 행동을 하면서도 스스로 어질다고 뽐내는 생각과 몸가짐을 버릴 수만 있다면 누가 그를 좋아하지 않겠느냐?"

부드러운 것이 강한 것을 이긴다

◆◆

천하에는 항상 이기기만 하는 도가 있고 항상 지기만 하는 도가 있다. 항상 이기기만 하는 도를 일러 유(柔)라 하고, 항상 지기만 하는 도를 강(疆)이라고 부른다. 이 두 가지 이치는 명백하지만 사람들은 도리어 이를 이해하지 못한다. 그러므로 상고시대에 "강한 것은 자기보다 못한 것을 이길 수 있지만, 유한 것은 자기보다 나은 것을 이길 수 있다"라는 말이 있다. 자기보다 못한 것을 이기는 자는, 자기와 역량이 같은 것을 만나면 곧 위태로워진다. 자기보다 나은 것을 이기는 자는 위태로워지지 않는다.

유로써 누군가를 이기면 어떤 일도 하지 않은 듯하고, 유로써 천하를 맡아 다스리면 어떤 것도 하지 않은 듯하다. 이를 일러 이기려 들지 않아도 자연히 이기고, 다스리지 않으려 해도 저절로 다스려진다고 하는 것이다.

죽자(粥子)는 이렇게 말했다.

"강하고자 하면 반드시 부드러움으로 이를 지켜야 하고, 강하고자 하면 반드시 약함으로써 이를 감싸야 한다. 부드러움을 바탕으로 쌓으면 틀림없이 굳세어지고 약함을 근거로 쌓으면 틀림없이 강해지게 마련이다. 쌓인 바를 관찰해보면 화와 복의 향방을 알 수 있다. 강함은 자기보다 못한 것을 이기지만 자기와 대등한 것을 만나면 부러지고 만다. 부드러움은 자기보다 나은 것을 이기므로 그 힘은 헤아릴 수 없을 정도이다."

노자는 이렇게 말했다.

"군대가 강하면 멸망하고 나무가 강하면 꺾이고 만다. 부드럽고 약한 것은 생명에 속하고, 굳세고 강한 것은 죽음에 속한다."

금수에게도 지혜가 있다

◆◆

생긴 모습은 같지 않더라도 지혜는 같을 수 있고, 지혜는 같지 않더라도 모습은 같을 수 있다. 성인은 지혜가 같은 것을 취하고 형상이 같은 것은 버린다. 그러나 세상 사람들은 형상이 같은 것을 가까이하고 지혜가 같은 것은 멀리한다. 모습이 나와 같으면 이를 가까이해 사랑하고, 모습이 나와 다르면 멀리해 두려워한다.

칠 척의 몸에 손과 발의 모양이 서로 다르며, 머리 위에 머리카락이 자라고 입안에 이가 있으며, 똑바로 서서 걸으면 사람이라고 한다. 그러나 사람이라고 해서 반드시 금수의 마음을 지니지 않은 것은 아니다. 그런데 사람은 금수의 마음을 지니고 있다 해도 그 모습이 사람이라는 사실 때문에 친근히 대접받는 것이다.

몸에 날개가 나고 머리에 뿔이 달려 있으며, 어금니가 갈라져 있고 발톱이 나 있으며, 머리를 들어 날아오르거나 엎드려 달리는 것을 일러 금수라 한다. 그런데 금수라고 해서 반드시 사람과 같은 마음이 없는 것은 아니다. 그러나 사람의 마음을 지니고 있다 해도 그 모습 때문에 멀리 배척당하는 것이다.

복희씨와 여왜씨, 신농씨와 하후씨는 혹은 뱀의 몸에 사람의 얼굴이었으며, 혹은 소의 머리에 호랑이 코의 형상이었다. 이들은 사람과 모습이 달랐지만 위대한 성인의 덕을 지니고 있었다. 하나라 걸왕과 은나라 주왕, 그리고 노나라 환공과 초나라 목공의 모습은 일곱 구멍이 있는 이목구비를 갖추어 사람과 똑같았지만 금수의 마음을 지니고 있었다. 그런데도 많은 이들은 그들의 모습이 사람 같아서 높은 지혜가 있을 것이라는 바람을 버리지 않았는데, 애초 그렇게 될 수 없는 노릇이었다.

황제가 염제와 판천의 들에서 싸울 때는 곰과 큰곰, 이리, 표범, 살쾡이, 호랑이 등을 앞세우고 독수리와 갈새, 매, 솔개를 깃발로 삼았다. 이는 힘으로 금수를 부린 예이다.

그런가 하면 요임금은 기(夔)를 전악에 임명해 음악을 담당하게 했다. 기가 돌을 쳐서 박자를 맞추자 여러 짐승들이 나타나 함께 춤을 추었고 퉁소와 피리를 연주하자 봉황이 날아와 예를 갖추었다. 이는 음악으로 금수를 부린 예이다.

그렇다면 금수의 마음이 어찌 사람의 마음과 다르겠는가? 형체와 소리가 사람들과 달라 그들과 접촉하는 방법을 모를 뿐이다. 성인들은 알지 못하는 것이 없고 통달하지 않은 바가 없기 때문에 그들을 이끌어 부릴 수 있었다.

금수의 지혜는 자연이 사람들에게 준 것과 똑같다. 그들은 어느 것이

나 모두 똑같이 자신의 삶을 이어가려 한다. 그렇다고 사람들에게 지혜를 빌리려 하지도 않는다. 암수가 서로 짝을 짓고 어미와 새끼는 서로 사랑하며, 평지를 피해 험지에 의탁하거나 추위를 피해 따뜻한 곳으로 나아간다. 거주할 때는 무리를 이루고 밖으로 걸어 다닐 때는 줄을 지으며, 어린 것은 안으로 감싸고 다 자란 것은 밖에서 활동한다. 물을 찾아 마실 때는 서로 이끌어주며, 먹을 것이 있으면 서로 울음으로써 무리를 부른다.

아주 먼 옛날에는 금수도 사람과 함께 살면서 더불어 나란히 다녔다. 제왕의 시대에 와서야 비로소 놀라 흩어져 달아나게 되었고, 말세에 이르자 숨고 도망침으로써 화를 피했다.

지금 동쪽 개씨(介氏)의 나라에서는 집에서 기르는 육축의 말을 알아듣는 사람들이 자주 나타난다. 대체로 이는 한쪽에 치우쳐서 터득한 능력이다. 그러나 태고시대에 신성한 사람들은 누구나 만물의 실정과 상태를 잘 알았고, 다른 종류의 동물이 내는 소리도 모두 이해했다. 그리하여 그들을 불러 모아 가르쳐서 일반 백성과 같이 대우해주었다. 먼저 귀신과 도깨비를 불러 모았고, 다음으로 팔방의 백성에게까지 넓혔고, 마지막으로 새와 짐승은 물론 벌레까지 불러 모았다. 혈기를 지닌 동물의 지혜가 사람들과 다르거나 크게 차이 나는 것이 아니라는 증거다. 신선과 성인은 이런 이치를 알았기 때문에 가르침을 베풀 때 어떤 동물도 빠뜨리지 않았던 것이다.

원숭이를 속이다

◆◆

송나라에 저공(狙公)이란 사람이 살았는데 원숭이를 좋아했다. 기르는 원숭이가 무리를 이루게 되니 원숭이의 뜻을 알아차릴 정도였다. 원숭이 역시 저공의 마음을 알 수 있었다. 집안 식구들의 식량까지 줄이면서 원숭이들을 키울 정도로 열심이었는데, 그로 인해 얼마 후 집안이 그만 가난에 찌들게 되었다. 이에 원숭이들의 먹이를 제대로 줄 수 없게 되자 먹이를 줄여볼 생각을 했지만, 그렇게 되면 원숭이들이 자신을 멀리해 잘 따르지 않으면 어쩌나 하고 걱정했다. 그래서 먼저 원숭이들을 속여보기로 했다.

"너희들에게 주는 먹이를 아침엔 셋, 저녁엔 넷으로 하면 어떻겠느냐?"

그러자 원숭이들이 들고 일어나 화를 냈다.

잠시 뒤 그는 다시 이렇게 제안했다.

"그렇다면 아침에 넷, 저녁에 셋으로 하면 되겠느냐?"

그러자 원숭이들은 모두 땅에 엎드리며 즐거워했다.

만물 중에 가진 것 없는 자들에게 농락을 부림이 이와 같다. 성인은 지혜로써 어리석은 이들을 농락하는 자들이다. 이 이야기 속의 저공이 꾀를 부려 원숭이들을 농락한 것과 같다. 명분이란 이처럼 사실에는 아무런 손상도 없이 사람들을 즐겁게 하거나 화나게 만들 수 있는 것이다.

어떤 싸움닭의 경지

◆ ◆

　주선왕(周宣王)이 기성자(紀渻子)에게 싸움닭을 기르도록 했다. 열흘이 지나 선왕이 "닭싸움을 시킬 만한가" 하고 묻자 기성자는 이렇게 대답했다.

　"아직 아닙니다. 지금은 교만하게 허세를 부리며 자신의 기운을 믿고 있습니다."

　열흘 만에 또다시 물었다. 그러자 기성자는 이렇게 대답했다.

　"아직 아닙니다. 마치 닭의 그림자나 소리만 들어도 싸우겠다는 자세입니다."

　열흘이 지나 다시 선왕이 채근하자 그는 이렇게 설명했다.

　"안 됩니다. 아직도 다른 닭을 노려보면서 싸우겠다는 기운이 왕성합니다."

　다시 열흘이 지났다. 선왕이 묻자 그는 이렇게 말했다.

"이제 거의 됐습니다. 비록 울며 대드는 놈이 있다 해도 이제는 변화를 보이지 않습니다. 마치 나무로 깎아 만든 조각품 닭처럼 보일 지경입니다. 이는 그 싸움닭의 덕이 완전하기 때문입니다. 다른 닭들은 감히 대들지도 못하고 얼른 뒤돌아 도망치고 맙니다."

세상의 힘보다 더 강한 것

◆ ◆

혜앙(惠盎)이 송나라 강왕(康王)을 찾아갔더니 강왕이 발을 구르고 헛기침을 하면서 조급하게 물었다.

"과인이 좋아하는 것은 용맹과 힘이오. 인의 따위를 논하는 것은 좋아하지 않소. 그대는 장차 과인에게 무엇을 가르쳐주려고 하시오?"

혜앙이 대답했다.

"제가 가지고 있는 도는 이러한 것입니다. 아무리 용감한 사람이 찌른다 해도 찔리지 않고, 아무리 힘 있는 자가 때린다 해도 맞지 않는 방법입니다. 대왕께서 이런 것에 흥미가 없진 않겠지요?"

송나라 임금이 말했다.

"좋소! 그거야말로 과인이 듣고 싶어 하던 바요."

혜앙이 말했다.

"찔러도 찔리지 않고 때려도 맞지 않는다 하더라도, 이미 모욕을 당하는 상황입니다. 제가 가지고 있는 도에 이러한 것이 있습니다. 바로 아무리 용감한 사람을 시켜 찌르라 해도 감히 찌르지 못하고, 아무리 힘센 사람을 시켜 때리라고 해도 감히 때리지 못하도록 하는 것입니다. 그러나 감히 하지 않는다는 것은 찌르거나 때릴 뜻조차 없다는 말이 아닙니다.

또한 제가 가지고 있는 도에 이런 것이 있습니다. 사람들에게 그렇게 하고자 하는 생각조차 갖지 않도록 하는 것입니다. 그러나 그렇게 할 생각은 없을지라도 그에게 남을 사랑하고 이롭게 하려는 마음까지 있는 것은 아닙니다.

다시 제가 가지고 있는 도에 이런 것이 있습니다. 천하의 장부와 아녀자들 중 누구나 기꺼이 그를 사랑하고 이롭게 해주고 싶어 하지 않는 사람이 없도록 하는 것입니다. 이렇게 되면 왕께서 방금 말한 용맹과 힘에 비해 훨씬 훌륭합니다. 앞서 말한 다른 도보다 더 훌륭합니다. 왕이라고 해서 이런 것에 흥미가 없지는 않겠지요?"

송나라 임금이 말했다.

"그것이 바로 과인이 터득하고 싶어 하던 바요."

혜앙이 대답했다.

"공자와 묵자가 바로 그런 사람입니다. 공자와 묵자는 땅도 없으면서 임금 노릇을 했고, 벼슬도 없으면서 우두머리 노릇을 했습니다. 천하의 장부와 아녀자들 가운데 목을 늘어뜨리고 발돋움을 하면서 그들을 편안하고 이롭게 해주고자 바라지 않은 이가 없었습니다. 지금 왕께서는 만승의 군주이십니다. 진실로 그렇게 할 뜻만 있으면 곧 사방의 나라 안 백성이 모두 이익을 얻게 될 것입니다. 그렇게 되면 저 공자나 묵자에 비해 훨씬 훌륭한 분이 될 것입니다."

송나라 임금이 얼른 대답하지 않자 혜앙은 빠른 걸음으로 나가버렸다. 송나라 임금은 신하들에게 이렇게 말했다.

"뛰어난 말솜씨로다! 저 사람은 말로써 나를 굴복시켰다!"

제3편

주나라 목왕의 즐거움

주목왕 · 周穆王

3편을 읽기 전에

◆ ◆

주(周)나라 목왕(穆王)은 서주(西周)의 5대 임금
으로, 목천자(穆天子)라고도 불린다.『목천자전
(穆天子傳)』『습유기(拾遺記)』『술이기(述異記)』
등의 문헌에 따르면, 그는 상상 속으로만 그리던
서역을 직접 여행하면서 신기하고 환상적인 체험
을 하게 된다. 이런 이유에서인지 주나라 목왕은
신화와 도교에서 가장 많이 언급된다. 3편은 마
치 주목왕의 신비한 여행기처럼, 꿈과 현실의 구
분과 변환, 꿈과 현실의 경계에 대한 상상 등을
담고 있다.

天下盡迷, 孰傾之哉
천하가 모두 혼미한데 누가 그것을 바로잡을 수 있겠는가

목왕의 세상 유람

◆ ◆

주나라 목왕(穆王) 때, 서쪽 끝의 어느 나라에서 환술에 뛰어난 사람이 찾아왔다. 물이나 불에도 뛰어들고, 쇠와 돌을 꿰뚫으며, 산과 냇물을 둘러엎으며, 성과 고을을 옮길 수 있었다. 허공에 있어도 떨어지지 않았으며, 어떤 물체에 부딪혀도 방해를 받지 않았다. 그의 천변만화는 끝을 모를 정도였다. 물건의 형태를 변화시키기고, 심지어 사람의 생각까지도 바꾸어놓았다.

목왕은 그를 천신처럼 모시고 임금처럼 섬겼다. 천자의 노침(路寢)을 내주어 거처하게 했고, 삼생(三牲)을 먹을 것으로 바쳤으며, 여자 악대를 선발해 즐겁게 해주었다. 그러나 환술사는 임금의 궁궐 정도로는 비루해서 거처할 수 없으며, 식사가 비리고 더러워서 먹을 수 없고, 시녀들이 못생기고 냄새가 나서 가까이할 수 없다고 불평했다.

목왕은 곧 그를 위해 궁전을 지었다. 토목 공사를 벌이고, 기둥과 대들보를 붉은색과 흰색으로 화려하게 칠해 그 어떤 기교도 빠뜨리지 않았다. 나라의 모든 창고가 텅 비도록 돈을 쓰고 나서야 누각이 완성되었다. 누각의 높이는 천 길이나 되어 종남산보다도 높았다. 이를 일러 중천대(中天臺)라 했다. 또 미인이 많기로 소문난 정나라와 위나라 두 나라에서 예쁘고 날씬한 미녀들을 뽑았다. 여자들은 몸에 향수를 뿌리고 눈썹을 다듬었다. 비녀를 꽂고 귀걸이를 달았으며, 얇은 비단옷을 입고 제나라에서 나는 고급 비단을 끌었다. 또 흰 분을 바르고 눈썹을 검게 칠했으며, 옥과 팔찌로 치장했다. 목왕은 지초를 모아 누각을 채우고 승운(承雲), 육영(六瑩), 구소(九韶), 신로(晨露) 등의 음악을 연주해 환술사의 환심을 샀다. 매달 최고급 옷을 바치고 매일 진귀한 식사를 대접했다. 그런데 환술사는 그래도 만족하지 못했고, 마치 마지못해 응하는 듯이 보였다.

얼마 지나지 않아 드디어 환술사가 왕에게 함께 놀러 가기를 청했다. 목왕이 환술사의 소맷자락을 잡자 몸이 함께 치솟아 하늘 중간쯤 가서야 멈추었다. 그러고는 곧 환술사의 집에 도착했다. 금과 은으로 지어지고 진주와 구슬을 둘러 장식한 집이었다. 구름과 비보다 위에 솟아 있었으며, 그 아래쪽은 무엇으로 지지되고 있는지 알 수조차 없었다. 바라보면 마치 구름 한가운데 있는 것 같았다. 귀로 듣고 눈으로 보고 코로 냄새 맡고 입으로 맛보는 것이 모두 인간 세상의 것이 아니었다.

목왕은 이곳이 틀림없이 청도(淸都)나 자미(紫微)라는 궁궐일 것이며, 균천(鈞天)에서 울리는 광악(廣樂)이 들리므로, 천제가 사는 곳이라 생각했다. 목왕이 몸을 굽혀 인간 세계를 내려다보니 자신이 살던 궁궐은 쌓아 올린 흙더미나 땔나무처럼 초라해 보였다. 수십 년을 이런 곳에서 산다 하더라도 자신의 고국은 생각조차 나지 않을 것 같았다.

환술사는 다시 목왕에게 함께 놀러 가기를 청했다. 도착한 곳은 올려다봐도 해와 달이 보이지 않고, 내려다봐도 강이나 바다가 보이지 않았다. 찬란한 빛이 비치자 목왕은 눈이 부셔 똑바로 바라볼 수 없었다. 음악이 들려왔지만 역시 귀가 어지러워 잘 들을 수 없었다. 몸의 모든 뼈와 오장육부가 쿵쿵 울리기를 멈추지 않았으며, 의식이 혼미해 정신을 잃을 정도였다. 목왕은 겁이 나서 환술사에게 되돌아가자고 했다. 환술사는 목왕이 되돌아가도록 내려주었다. 그런데 마치 허공에서 뚝 떨어지는 것 같았다.

목왕이 깨어나 보니 앉아 있는 곳은 조금 전 자신의 궁궐이며 시중드는 사람들도 원래대로였다. 눈앞에는 방금 마시던 술이 아직 맑게 가라앉지도 않은 채 그대로 있었고, 안주도 아직 마르지 않은 채 그대로였다. 목왕은 자신이 어디서 온 것인지 물었다. 그러자 곁에 있던 신하가 이렇게 대답했다.

"대왕께서는 그대로 앉아 계셨습니다."

이때부터 목왕은 망연자실해하다가 석 달 만에야 회복했다. 그리고 다시 환술사에게 묻자 그는 이렇게 대답했다.

"저와 대왕께서는 정신의 놀이를 다녀온 것입니다. 형상이 어찌 그렇게 다녀올 수 있겠습니까? 게다가 조금 전에 계시던 곳이 이 왕궁과 무엇이 다르겠습니까? 조금 전에 노닐던 곳이 왕의 정원과 무엇이 다르겠습니까? 대왕께서는 늘 보던 것에 익숙해져서 방금 전의 변화를 의심하는 것입니다. 변화하는 현상을 다 헤아릴 수 없으니 어찌 그 이치를 빠른 시간에 모두 체득할 수 있겠습니까?"

목왕은 그 말을 듣고 매우 기뻐했다. 이때부터 국사도 돌보지 않고 신첩도 가까이하지 않았으며, 마음 내키는 대로 먼 곳을 유람하는 데만 뜻을 두었다. 목왕은 여덟 마리 준마가 끄는 수레를 마련하도록 명했다. 안쪽 오른편 말은 화류(驊騮)이고 왼편 말은 녹이(綠耳)였으며, 바깥쪽 오른편 말은 적기(赤驥)이고 왼편 말은 백의(白義)였다. 수레는 조보(造父)가 몰았고 태병(泰丙)이 오른쪽에 앉아 보좌했다. 뒤따르는 수레를 끄는 말 중 안쪽 오른편은 거황(渠黃)이고 왼편은 유륜(踰輪)이었으며, 바깥쪽 왼편 말은 도리(盜驪)이고 오른편은 산자(山子)였다. 이 수레는 백요(柏夭)가 지휘했고 참백(參百)이 몰았으며 분융(奔戎)이 오른편에서 보좌했다.

목왕 일행은 천 리를 달려 거수씨(巨蒐氏)의 나라에 이르렀다. 거수씨는 백곡(白鵠)이라는 새의 피를 목왕에게 바쳐 마시도록 했다. 또 소와 말의 젖을 준비해 왕의 발을 씻고, 두 수레를 모는 사람들의 시중을 들었다.

목왕 일행은 대접을 받고 나서 다시 길을 떠나 마침내 곤륜산 언덕의 적수 북쪽 기슭에 묵었다. 다음 날 곤륜산 꼭대기에 올라가 황제의 궁궐을 관람하고, 거기에서 하늘에 제사를 지내 후세에 이를 전하게 했다. 목왕은 드디어 서왕모를 찾아가 요지(瑤池)에서 잔치를 벌였다. 서왕모는 목왕을 위해 노래를 불러주었으며 목왕도 이에 화창했는데, 그 가사가 애절했다. 그러고는 서쪽으로 해가 떨어지는 광경을 보며 하루에 만리 길을 달렸다. 목왕은 감탄했다.

"아! 나는 덕이 충분하지도 않으면서 이런 즐거움을 누렸도다. 후세 사람은 나의 허물을 책망할 것이다!"

목왕은 거의 신인이었던가? 그는 즐거움을 맘껏 누리면서도 백 세까지 살았다. 세상 사람들은 그가 죽어서 하늘로 올랐다고 여겼다.

변화하는 이치를 꿰뚫어라

◆◆

　노성자(老成子)는 윤문(尹文) 선생에게 환술을 배우려 했는데, 윤문 선생은 3년이 되도록 일러주지 않았다. 노성자는 자신이 무엇을 잘못했는지 묻고는, 이제 그만 떠나겠다고 청했다. 윤문 선생은 읍을 하고 그를 방으로 들인 뒤 주위 사람들을 다 물러가게 했다. 윤문 선생은 이렇게 말했다.

　"옛날 노자가 서쪽으로 가다가 나를 돌아보며 이렇게 말씀하셨소.

　'생기가 있고 형상이 있는 형체는 모두 환멸한다. 조화가 시작되고 음양이 변화하는 것을 생(生)이라고 하고 사(死)라고도 한다. 이런 법칙을 알고 변화에 순응하며 형태에 따라 옮겨 가는 것을 화(化)라고 하고 환(幻)이라고도 한다. 조물주는 기교가 오묘하고 그 공덕 또한 깊다. 그 때문에 이해하기도 어렵고 파악하기도 어렵다. 형체를 근거로 변화시키는 기교는 단순해서 금방 드러나고 그 공덕 또한 얕다. 그 때문에 쉽게 생겨나고 쉽게 사라지는 것이지. 환과 화라는 것이 생과 사와 아무런 차이가 없다는 것을 알게 되면 비로소 환술을 배울 수 있다.'

나와 그대 역시 그저 환이거늘 어찌 그것을 꼭 배우려 드시오?"

노성자는 돌아가서 윤문 선생의 말을 석 달 동안 깊이 생각했다. 그리고 마침내 자유롭게 몸을 숨기고 드러낼 수 있게 되었다. 사계절을 뒤바꿔 겨울에 우레를 일으키고 여름에 얼음을 만들며, 나는 것을 걸어 다니게 하고 걸어 다니는 것을 날게 했다. 그러나 죽을 때까지 자신의 환술을 드러내지 않았기 때문에 세상에는 전해지지 않았다.

열자가 말했다.

"변화하는 이치를 터득한 사람은 그 도술을 은밀히 사용하므로 공덕이 보통 사람들과 다를 바 없다. 오제의 덕행이나 삼왕의 공적은 지혜와 용맹에서만 나온 것이 아니다. 때때로 변화의 이치를 깨달아 그런 업적을 이루었으니, 누가 모두 헤아릴 수 있겠는가?"

왜 꿈을 꾸는가

◆◆

깨어 있음에는 여덟 가지 징조가 있고 꿈에는 여섯 가지 징후가 있다. 무엇을 여덟 가지 징조라고 하는가? 첫째는 원인, 둘째는 행위, 셋째는 얻음, 넷째는 상실, 다섯째는 슬픔, 여섯째는 즐거움, 일곱째는 삶, 여덟째는 죽음이다. 이 여덟 가지 징조는 육체가 접촉해서 생겨난다.

무엇을 여섯 가지 꿈의 징후라고 하는가? 첫째는 정상적인 꿈, 둘째는 놀람에서 오는 꿈, 셋째는 생각에서 오는 꿈, 넷째는 깨우침에서 오는 꿈, 다섯째는 기쁨에서 오는 꿈, 여섯째는 두려움에서 오는 꿈이다. 이 여섯 가지는 정신이 맞닿아서 생겨난다.

감정 변화가 원인이라는 사실을 인식하지 못하는 사람은 일이 생기고 나면 어찌 된 영문인지 몰라 혼란에 빠진다. 감정 변화가 원인이라는 사실을 아는 사람은 어떤 원인으로 그렇게 된 것인지 알고 있으므로 두려워하는 법이 없다.

사람의 혼백이 차거나 비고 없어지거나 생겨나는 것은 모두 천지와 통하고 만물과 상응하는 현상이다. 그러므로 음기가 강하면 큰 강을 건너면서 두려워하는 꿈을 꾸고, 양기가 강하면 큰 불 속을 지나면서 불에 데는 꿈을 꾸게 된다. 그런가 하면 음기와 양기가 모두 강할 때는 살리거나 죽이는 꿈을 꾸게 된다.

심하게 포만감을 느끼면 남에게 재물을 주는 꿈을 꾸고, 매우 허기가 지면 재물을 빼앗는 꿈을 꾸게 된다. 성정이 들떠서 지나치게 허황된 사람은 날아오르는 꿈을 꾸고, 성정이 침착해서 지나치게 성실한 사람은 어딘가에 빠지는 꿈을 꾸게 된다.

띠를 깔고 자면 뱀 꿈을 꾸며, 날아가던 새가 머리카락을 물고 가면 날아다니는 꿈을 꾼다. 곧 날씨가 음산해지려고 하면 꿈에서 불을 보고, 곧 병이 나려고 하면 먹는 꿈을 꾼다. 술 마신 사람은 근심하는 꿈을 꾸고, 노래하고 춤추던 사람은 곡하는 꿈을 꾼다.

열자가 말했다.

"정신이 사물과 만나 꿈이 되고 형체가 사물과 접촉해서 일이 생긴다. 낮에 생각을 하고 밤에 꿈을 꾸는 것은 정신과 형체가 어떤 사물과 접촉하기 때문이다. 따라서 정신이 안정된 사람은 낮에 생각이 줄고 밤에 꿈이 저절로 없어진다. 깨어 있을 때의 생각은 말로 다 표현할 수 없고, 꿈속의 일도 모두 통달할 수 없다. 만물이 변화하고 끊임없이 왕래하기 때문이다. 옛날의 진인은 깨어 있을 때도 스스로를 잊고 잠잘 때도 꿈꾸지 않는다고 했다. 이 어찌 헛된 말이겠는가?"

무엇이 진실이고 무엇이 거짓인가

◆◆

서쪽 끝의 남쪽 귀퉁이에 한 나라가 있다. 그 경계가 어디인지 알 수 없지만 이름을 고망국(古莽國)이라고 한다. 음양의 기운이 교차되지 않아 추위와 더위가 구별되지 않고, 해와 달이 비치지 않기 때문에 낮과 밤의 구별도 없다.

그 나라 백성은 먹지도 않고 입지도 않으며 잠만 많이 자서 50일 만에 한 번씩 깨어난다. 그들은 꿈속의 일을 사실로 여기고 깨어 있을 때 본 것을 오히려 허망하다고 여긴다.

사해 중간에 중앙국(中央國)이라 부르는 곳이 있다. 큰 강이 남북으로 걸쳐 있고, 큰 산이 동서로 걸쳐 있는 만여 리나 되는 땅이다. 그곳에는 음양의 기운이 분명해서 추위와 더위가 번갈아 고르게 나타난다. 어둠과 밝음의 구별이 뚜렷해 밤과 낮도 분명하다. 그곳 백성 중에는 지혜로운 이도 있고 어리석은 이도 있다. 만물이 잘 자라고 번식하며, 재능을 지닌 이들이 많다. 임금과 신하가 있어서 자신의 직분대로 소임을 다하고, 예법이 있어서 서로 법도에 맞추어 행동한다. 그들이 말하고 행동하는 것은 너무 많아 이루 헤아릴 수 없다. 일정 시간 깨어 있고 일정 시간 잠을 자는 것이 반복된다. 깨어 있을 때 한 일을 사실이라 여기고 꿈에서 본 것은 허망하다고 여긴다.

땅의 동쪽 끝 북쪽 귀퉁이에 한 나라가 있는데, 부락국(阜落國)이라고 부른다. 땅 기운이 항상 따뜻하지만 해와 달의 여광만 있어서 좋은 곡식이 자라지 못한다. 그곳 백성은 풀뿌리나 나무 열매를 먹는데, 불에 익혀 먹는 법을 모른다. 성격이 강맹하고 사나워서, 강자가 약자를 능멸한다. 싸워서 이기는 것을 중요하게 생각하고 예의는 숭상하지 않는다. 많이 달리고 걷지만 휴식은 적게 취하고, 항상 깨어만 있고 잠은 자지 않는다.

괴로움과 즐거움은 반복된다

◆◆

주나라에 윤씨라는 사람이 있었는데, 재산을 불리느라 밑에서 일하는 사람들이 아침부터 저녁까지 쉴 틈이 없었다. 그중에 한 늙은 일꾼은 근력이 다했는데도 더욱 무리하게 일을 해야 했다. 낮에는 신음하면서 일을 했고, 밤에는 피곤에 지쳐서 잠에 곯아떨어졌다. 정신이 황폐하고 산란해져서 밤마다 임금이 되어 백성의 윗자리에서 나랏일을 총괄하는 꿈을 꾸었다. 궁궐에서 잔치를 벌이고 마음껏 놀면서 하고 싶은 일을 모두 할 수 있어 그 즐거움이 비할 데가 없었다. 그러나 매일 이런 꿈을 꾸다가도 깨어나면 곧 다시 일을 해야 했다.

어떤 사람이 그의 노고를 위로하자 그는 이렇게 말했다.

"인생은 백 년이라지만 낮과 밤이 절반씩 있소. 나는 낮에는 하인으로 일하면서 엄청난 고생을 하지만 밤이면 임금이 된다오. 그 즐거움이 비할 데가 없는데 무엇이 원망스럽단 말이오?"

윤씨는 마음으로 세상일을 경영하고, 생각은 집안일에서 조금도 벗어날 수 없었다. 몸과 마음이 모두 이처럼 피로하니, 밤이면 역시 피곤에 지쳐 잠에 곯아떨어졌다. 그런데 그는 밤마다 남의 하인이 되어 이리저리 뛰어다니며 닥치는 대로 일하면서 고통받는 꿈을 꾸었다. 욕을 먹는 일이 다반사요, 매질까지 당하면서 온갖 고초를 겪었다. 자면서도 헛소리를 지르고 신음을 하다가 아침이 되어 꿈에서 깨고 나서야 끝이 났다. 윤씨는 힘들어서 친구를 찾아가 물었다. 그러자 친구는 이렇게 말했다.

"자네의 지위는 자네 한 몸 영화를 누리기에 충분하고, 재산은 다 못 쓸 정도로 여유가 있으니 남들에 비해 얼마나 행복한가. 그런데 밤에 하인이 되는 꿈을 꾼다니, 이는 괴로움과 편안함이 반복되는 지극히 정상적인 이치라네. 자네는 깨어 있을 때나 꿈꿀 때나 모두 즐겁길 원하지만 어찌 그럴 수 있겠나?"

윤씨는 이 말을 듣고 자신의 일꾼들을 너그럽게 대하고 자신이 고민하던 일을 대부분 덜어버렸다. 그러자 병이 조금씩 나아졌다.

이것은 누구의 사슴인가

◆◆

정나라의 어떤 나무꾼이 산에서 땔나무를 하다가 놀라 도망치는 사슴을 때려잡았다. 사슴이 숨을 헐떡거리며 죽자 그는 남이 볼까 두려워 급히 구덩이에 감추고 나뭇가지로 덮어놓았다. 그는 기쁨을 이기지 못했다. 그런데 잠시 뒤에 그만 어느 구덩이에 사슴을 감추어두었는지 잊어버리고 말았다.

그는 모든 것이 꿈인 것만 같아 돌아오는 길에 그 일을 혼자 중얼거렸다. 옆에 있던 사람이 그 말을 듣고 그가 중얼거린 대로 길을 찾아가서 사슴을 찾아냈다. 사슴을 얻은 그는 집으로 돌아와 아내에게 이렇게 말했다.

"방금 전에 어떤 나무꾼이 꿈속에서 사슴을 잡아 숨겨두었는데 그 장소를 모르겠다고 중얼거렸소. 그래서 그의 말을 따라 그 사슴을 주워 왔소. 어떻게 그렇게 진짜와 똑같은 꿈을 꿀 수 있는지 모르겠소."

아내가 말했다.

"나무꾼이 사슴을 잡는 꿈을 당신이 꾼 거 아닌가요? 어떻게 그런 나무꾼이 있을 수 있겠어요? 지금 정말 사슴을 찾아왔으니 당신 꿈이 그대로 들어맞은 거예요."

"어쨌든 분명히 사슴을 얻은 마당에, 그게 그 사람이 꾼 꿈인지 내가 꾼 꿈인지 따질 필요는 없겠지."

한편 나무꾼은 사슴을 잃어버린 일이 너무 아쉬웠다. 그러다 꿈에서 사슴을 가져간 사람과 그가 사슴을 놓아둔 장소를 보게 되었다. 날이 밝자 나무꾼은 꿈에서 본 대로 사슴을 가져간 사람을 찾아갔다. 마침내 사슴을 두고 소송이 벌어져서 법관에게 사건이 넘어갔다.

법관은 이와 같이 판결했다.

"자네는 처음에 정말 사슴을 잡았으면서도 그것을 꿈이라 생각했네. 그리고 다시 꿈속에서 사슴을 찾았는데 그것은 진짜라고 생각했고. 어쨌든 저 사람은 분명히 사슴을 가져갔는데, 자네는 그 사슴이 자기 것이라고 우기고 있네. 또 저 사람의 아내는 다른 사람이 사슴을 잡은 꿈을 꾸었다고 인정했으면서도, 정말로 다른 사람의 사슴을 얻은 일은 없다고 말하고 있네. 어쩔 수 없네. 지금 여기에 그 사슴이 있으니 이것을 둘로 나누어 갖도록 하게."

이 말을 듣고 정나라 임금이 이렇게 말했다.

"아! 법관 역시 꿈속에서 사슴을 나눠주고 있는 꼴이 아닌가!"

임금이 재상에게 의견을 묻자 재상은 이렇게 말했다.

"꿈을 꾸었는지 꾸지 않았는지 저로서는 분별할 수 없습니다. 생시의 일이었는지 꿈속의 일이었는지를 분별할 수 있는 사람은 오직 황제나 공자밖에 없습니다. 그러나 지금은 황제도 없고 공자도 없으니 누가 그 것을 분별해낼 수 있겠습니까? 그러니 법관의 판결을 따르는 것이 좋겠습니다."

잊는다는 즐거움

◆◆

송나라 양리의 화자(華子)는 중년에 심한 건망증이 생겼다. 아침에 받은 것을 저녁이면 잊어버리고 저녁에 준 것은 아침이면 잊어버렸다. 길을 나서면 걷고 있다는 사실을 잊었고 방에서는 앉아 있다는 사실을 잊었다. 지금은 조금 전의 일을 알지 못하고 조금 뒤에는 지금 일을 알지 못했다.

온 집안이 이를 위독한 병이라 여겨 점쟁이를 찾아가 점을 쳐보았지만 별 소용이 없었다. 무당을 찾아가 빌어도 보았지만 증세는 멈추지 않았다. 의사를 찾아가 고치려 했지만 역시 고쳐지지 않았다.

그때 노나라의 한 유생이 스스로 나서서 그것을 고쳐주겠다고 했다. 화자의 처자식들은 재산의 절반을 대가로 주기로 약속하고 그에게 처방을 요청했다. 유생이 말했다.

"이런 병은 본래 점으로 고칠 수 있는 것이 아닙니다. 무당에게 기도 한다고 원하는 대로 되는 것도 아닙니다. 또 의원을 찾아가 약이나 침으로 치료할 수 있는 것도 아닙니다. 저는 그의 마음을 변화시키고 그의 생각을 바꿔보려고 합니다. 그러면 아마 고칠 수 있을 겁니다."

그래서 우선 시험을 해보았다. 옷을 벗겨놓았더니 옷을 찾았고, 굶겨보았더니 먹을 것을 찾았으며, 어두운 곳에 가두어놓았더니 밝은 곳을 찾았다. 유생은 기뻐하며 그의 아들에게 말했다.

"병을 고칠 수 있겠습니다. 그러나 제 처방은 절대로 비밀입니다. 세상에 전해져서는 안 되므로 다른 이들에게 알려주지 않겠습니다. 좌우의 사람들을 물리쳐주십시오. 이제부터 독방에서 이레 동안 함께 지낼 것입니다."

사람들은 그가 시키는 대로 했다. 유생이 어떻게 했는지는 모르겠지만 여러 해 앓았던 병이 하루아침에 모두 사라져버렸다.

그런데 화자는 제정신이 들고 나자 곧바로 크게 화를 내며 처자식을 내쫓고 벌했으며, 창을 들고 유생을 쫓아버렸다.

어떤 송나라 사람이 그를 붙잡고 까닭을 물었다. 그러자 화자는 이렇게 말했다.

"방금 내가 기억을 잊고 있을 때는 세상이 탁 트여 천지의 유무조차 알지 못했소. 그런데 지금 갑자기 지난날의 기억이 되살아나서 지난 수십 년간의 존망, 득실, 애락, 호오 등 온갖 얽히고설킨 생각의 실마리가 생기고 말았소. 게다가 앞으로 살면서 생겨날 존망, 득실, 애락, 호오 등도 지금처럼 내 마음을 괴롭힐까 두렵소. 바로 잊어버리고 마는 즐거움을 어찌 다시 누릴 수 있단 말이오?"

자공이 이를 듣고 이상하게 생각하고 공자에게 전했다. 공자는 이렇게 말했다. "이 일은 네가 깨닫기 어렵다." 그러고는 안회를 돌아보며 이 일을 기록하라고 했다.

천하가 온통 어지럽다면

◆◆

진(秦)나라 사람 방씨(逢氏)에게 아들이 있었다. 젊어서는 똑똑했지만 커서는 정신이 혼미해지는 병을 앓았다. 남의 노래를 들으면 통곡하는 것이라고 여기고, 흰 것을 보면 검은 것이라고 생각했다. 향기로운 냄새를 맡으면 썩은 냄새라고 여기며, 단 것을 맛보면 쓴 것이라고 하고, 그릇된 일을 두고 옳은 일이라고 여겼다. 생각이 미치는 곳이라면 하늘과 땅과 사방은 물론, 물과 불, 추위와 더위까지도 엉뚱하게 착각하지 않는 법이 없었다.

이웃에 사는 양씨가 그의 아버지에게 말했다.

"노나라의 군자 중에는 재주 많은 이가 있어서 병을 고칠 수도 있다고 하던데 어째서 그를 찾아가서 치료해주지 않는가?"

이 말에 그의 아버지는 노나라로 갔다. 그런데 진(陳)나라를 지나다가 노자를 만나게 되었다. 그가 자기 아들의 증세를 설명하자 노자는 이렇게 말했다.

"당신은 당신 아들의 정신이 혼미하다는 사실을 어떻게 확신하오? 지금 천하 사람들은 모두가 시비를 알지 못하고 이해관계에 흐리멍덩해졌소. 모두 똑같은 병에 걸려 있기 때문에 그게 병이라고 깨닫는 자도 없소. 한 사람의 혼미함만으로는 한 집안을 기울게 할 수 없고, 한 집안의 혼미함만으로는 한 고을을 기울게 할 수 없으며, 한 고을의 혼미함만으로는 한 나라를 기울게 할 수 없으며, 한 나라의 혼미함만으로는 온 천하를 기울게 할 수 없소.

천하가 모두 혼미한데 누가 그것을 바로잡을 수 있겠소? 만약 천하 사람들의 마음이 모두 당신 아들과 같다면, 오히려 당신이 혼미한 것이오. 애락과 성색, 취미, 시비를 어느 누가 바로잡을 수 있겠소? 또 내가 한 이 말도 반드시 혼미하지 않다고 할 수 없거늘, 하물며 노나라 군자는 심하게 미혹되어 있는데 어찌 남의 미혹함을 해결해줄 수가 있겠소? 짊어지고 가는 양식이나 헛되이 버리지 말고 얼른 돌아가는 게 낫겠소."

당신이 슬퍼하는 이유는 진실한가

◆◆

연나라에서 태어났지만 초나라에서 자란 이가 있었다. 그는 늙어서야 자기 나라로 돌아가게 되었다. 그가 귀국하는 길에 진(晉)나라를 지나게 되었는데 동행하던 자가 성을 가리키면서 이렇게 속였다.

"이것이 연나라의 성이오."

그러자 그는 슬픈 얼굴빛이 되었다. 동행이 다시 사당을 가리키면서 거짓으로 말했다.

"이것이 당신이 살던 마을의 사당이오."

이에 그는 길게 탄식했다.

동행이 다시 집을 가리키면서 말했다.

"이것이 당신 선인이 살던 초가집이라오."

그는 결국 눈물을 흘리며 울었다. 동행이 다시 무덤 하나를 가리키며 이렇게 말했다.

"이것이 당신 조상의 무덤이오."

그러자 그는 자기 감정을 억제하지 못하고 그만 통곡하고 말았다.

그러자 동행이 크게 웃으면서 말했다.

"내가 방금 당신을 속였소. 이곳은 아직 진나라 땅이라오."

속은 사람은 매우 부끄러워했다.

마침내 연나라에 도착해서 진짜 연나라 성과 사당을 보고, 자기 조상의 초가집과 무덤을 보았을 때는 슬픈 마음이 훨씬 줄어들었다.

제4편

공자는 성인이었을까

중니 · 仲尼

4편을 읽기 전에

◆ ◆

4편의 편명인 '중니(仲尼)'는 공자의 이름으로,
일부 판본에서는 편명이 '극지(極智)'로 되어 있
다. 이 편은 인식론적 측면에서 2편과 연결되어
있으며, 도가 사상과 유가 사상의 차이에 대해 이
야기하고 있다. 제자들의 질문에 대한 공자의 답
변을 통해 유가 사상의 인위적인 행위가 내포한
한계를 내보이고, 무위(無爲)로 다스리는 도가
사상의 우월함을 내세웠다. '중니'라는 편명 자체
에 그 의도가 잘 드러나고 있다.

用無言為言亦言, 無知為知亦知

말하지 않음으로써 말하는 것도 말하는 것이요,
알지 않음으로써 아는 것도 아는 것이다

공자가 근심하는 이유

◆◆

공자가 집에서 한가롭게 지내고 있을 때였다. 자공이 안에 들어가 보았더니 공자의 얼굴에 근심이 가득했다. 자공은 감히 여쭤보지도 못한 채 나와서 안회에게 이 사실을 이야기했다. 그러자 안회는 거문고를 타면서 노래를 불렀다. 공자는 그 소리를 듣고 안회를 불러들여 물었다.

"너는 어째서 그렇게 홀로 즐거워하느냐?"

안회가 말했다.

"선생님께서는 어찌하여 홀로 그토록 근심 어린 표정을 하고 계십니까?"

공자가 말했다.

"먼저 너의 생각을 말해보아라."

안회가 말했다.

"제가 전에 선생님께 듣기로, '천성을 즐기고 운명을 깨달으면 근심이 없다'고 하셨습니다. 그래서 저는 즐거워하고 있었습니다."

공자는 서글픈 듯이 한참 있다가 이렇게 말했다.

"내가 그런 말을 했느냐? 너는 잘못 이해했다. 그것은 내가 옛날에 한 말이니 지금 바로잡아주겠다. 너는 한낱 천성을 즐기고 운명을 깨달으면 근심이 없다는 것만 알 뿐, 그것이 오히려 근심 중에서도 가장 큰 근심이라는 것은 모르고 있구나. 지금 너에게 그 실제를 말해주겠다. 제 몸을 수양해서 곤궁함도 부귀도 그대로 맡겨두고, 오고 가는 것도 내가 아님을 알아서, 마음이 밖의 사물에 영향을 받아 변하거나 어지럽지 않은 것. 이것이 바로 '천성을 즐기고 운명을 깨달으면 근심이 없다'는 뜻이라고 알고 있을 테지. 이전에 나는 시서(詩書)를 공부하고 예악(禮樂)을 바로잡아, 그것으로 천하를 다스려 후세에 전하고자 했다. 그저 내 한 몸 수양해 노나라 정도만 다스리면 되겠거니 생각한 것은 아니었다.

그런데 노나라의 임금과 신하들은 날로 위계질서를 잃고 인의는 더욱 쇠퇴했으며 성정은 더욱 각박해졌다. 이리하여 도가 한 나라와 한 세대에서조차 실행되지 못하고 있으니, 천하 혹은 다음 세대에서는 어떻게 되겠느냐? 나는 시서나 예악이라는 것이 난을 다스리는 데 아무런 도움이 되지 않는다는 것을 비로소 알게 되었다. 그래도 나는 아직 그것을 개혁하는 법을 찾지 못했으니, 이것이 바로 낙천지명(樂天知命)하는 자의 근심이다.

설사 그렇긴 하지만 나도 터득한 것이 있다. 무릇 즐김과 앎이라고 하는 것이 옛사람들이 말했던 즐김과 앎이 아니라는 사실 말이다. 즐김도 없고 앎도 없는 것. 이것이 곧 참된 즐김이요 곧 참된 앎이다. 그러므로 즐기지 못할 것도 없고 알지 못할 것도 없으며, 근심하지 못할 것도 없고 하지 못할 것도 없게 되었지. 시서든 예악이든 어찌 그것을 버리겠느냐? 또 그것을 개혁할 이유가 무엇이겠느냐?"

안회는 공자에게 북면하여 손을 모아 예를 올리며 이렇게 말했다. "저 역시 그것을 터득했습니다."

그가 나와서 이를 자공에게 일러주자 자공은 망연자실해져서 집으로 돌아가 이레 동안 자지도 먹지도 않았으며, 말라서 뼈가 드러날 정도로 깊이 고민했다. 안회가 다시 가서 그를 깨우쳐주자 그제야 공자의 문하로 되돌아왔다. 그러고는 악기를 연주하며 노래하고 글 읽는 일을 평생 그치지 않았다.

성인이란 어떤 사람인가

◆◆

진(陳)나라 대부가 노나라에 사신으로 가서 사사로이 숙손씨(叔孫氏)를 만났다. 숙손씨가 말했다.

"우리나라에는 성인이 계십니다."

대부가 물었다.

"공자를 말하는 것 아닙니까?"

"그렇습니다."

"어떻게 그가 성인이라는 것을 아십니까?"

"일찍이 안회가 말하는 것을 들은 적 있습니다. 공자는 마음을 버리고 형체를 사용한다 하더군요."

"우리나라에도 성인이 있습니다. 그대는 알고 있습니까?"

"성인이란 누구를 말하는 것입니까?"

"노자 제자 중에 강창자(亢倉子)란 분이 있습니다. 그는 노자의 도를 터득해 귀로 보고 눈으로 들을 수 있답니다."

노나라 임금은 이를 듣고 크게 놀라 상경에게 많은 선물을 가지고 가서 그를 모셔 오도록 했다. 강창자는 부름을 받아 노나라로 왔다. 노나라 임금은 겸손한 말로 그에게 청하여 물었다. 이에 강창자는 이렇게 말했다.

"그 말을 전한 자의 망발입니다. 저는 보고 듣는 데 귀와 눈을 사용하지 않을 수는 있어도 귀와 눈의 작용을 바꾸지는 못합니다."

노나라 임금이 말했다.

"그렇다면 더욱 신비한 일입니다. 그 도는 어떤 것입니까? 꼭 듣고 싶습니다."

강창자가 말했다.

"제 몸은 마음과 결합하고, 마음은 기(氣)와 결합하며, 기는 다시 신(神)과 결합하고, 신은 무(無)와 결합할 수 있습니다. 그렇게 하면 아주 작은 물건이나 아주 작은 소리가 이 우주 밖에 멀리 있거나 혹은 눈썹 안처럼 아주 가까이 있다 해도 저의 눈과 귀에 잡혀서 틀림없이 알아낼 수 있습니다. 그렇지만 그것이 저의 이목구비 일곱 개 구멍이나 사지를 통해 감지하는 것인지, 아니면 오장육부를 통해 감지하는 것인지, 저도 전혀 알 수 없습니다. 저절로 그렇게 아는 것일 뿐입니다."

노나라 임금은 크게 기뻐했다. 다른 날 이를 공자에게 말해주자 공자는 웃으면서 아무런 대답도 하지 않았다.

당신은 진짜 성인인가

◆◆

송나라 태재가 공자를 뵙고 이렇게 말했다.

"선생님은 성인이십니까?"

공자가 말했다.

"제가 어찌 감히 성인이겠습니까? 다만 널리 공부해서 많이 아는 사람일 뿐입니다."

송나라 태재가 말했다.

"삼왕은 성인이었습니까?"

공자가 대답했다.

"삼왕은 지혜로운 자와 용감한 자를 잘 임용한 분들이지만 성인인지는 잘 모르겠습니다."

"오제는 성인이었습니까?"

공자가 말했다.

"오제는 어진 자와 의로운 자를 잘 임용한 분들이지만 성인인지는 잘 모르겠습니다."

"삼황은 성인이었습니까?"

공자가 말했다.

"삼황은 때에 순응하는 자를 잘 임용한 분들이지만 성인인지는 잘 모르겠습니다."

송나라 태재는 크게 놀라 대답했다.

"그렇다면 어떤 사람이 성인입니까?"

공자는 잠시 얼굴을 찌푸리고 있다가 말했다.

"서쪽에 있는 사람 중에 성인이 있었습니다. 그가 세상을 다스리면 다스리지 않아도 어지러워지지 않았고, 말하지 않아도 자연히 믿게 되었으며, 교화하지 않아도 자연히 따르게 되었습니다. 백성은 그를 어떻게 칭송해야 할지조차 몰랐습니다. 저는 그 사람이 성인이 아닌가 생각하고 있지만, 정말로 성인인지 아닌지는 모르겠습니다."

송나라 태재는 묵묵히 마음속으로 헤아리며 공자가 자기를 놀리고 있다고 생각했다.

한 가지에만 뛰어난 재주는 재주가 아니다

◆◆

자하가 공자에게 물었다.

"안회는 사람됨이 어떻습니까?"

공자가 대답했다.

"안회는 어짊이 나보다 낫다."

"자공은 사람됨이 어떻습니까?"

"자공은 말솜씨가 나보다 낫다."

"자로는 사람됨이 어떻습니까?"

"자로는 용감함이 나보다 낫다."

"자장은 사람됨이 어떻습니까?"

"자장은 위엄이 나보다 낫다."

자하는 자리를 피해서 공자에게 다시 물었다.

"그렇다면 네 사람은 무엇 때문에 선생님을 섬기고 있습니까?"

공자가 말했다.

"거기 앉아보아라. 내가 설명해주마. 안회는 어질기는 하지만 때에 따라 모질 줄 모르고, 자공은 말솜씨가 뛰어나지만 침묵할 줄 모르고, 자로는 용감하기는 하지만 겁을 낼 줄 모르고, 자장은 위엄이 있기는 하지만 남과 어울릴 줄 모른다. 그러므로 이 네 사람의 장점을 모두 가지고 와서 내가 지닌 것과 바꾸고자 해도 나는 바꾸지 않을 것이다. 이것이 바로 그들이 나를 스승으로 섬기면서도 아무런 의혹을 갖지 않는 이유이다."

모든 것을 아는 사람은 말이 없다

◆◆

열자는 호구자림을 스승으로 삼고 백혼무인을 벗으로 삼아 공부한 뒤, 남곽에 살고 있었다. 그를 따라 그곳에 와서 머물고 있는 사람들의 수가 매우 많아 하루 종일 헤아려도 다 헤아리지 못할 지경이었다.

그러나 열자는 아직도 자신이 부족하다고 여겼다. 이에 날마다 사람들과 변론해 마침내 명성이 퍼지지 않은 곳이 없게 되었다. 그런데 남곽자(南郭子)라는 사람과는 담 하나를 사이에 두고 20년간 이웃에 살고 있으면서도 서로 찾아가거나 초청하는 일이 없었다. 서로 길에서 만나도 못 본 척했다. 문하의 제자들은 열자와 남곽자가 서로 원수지간이라고 여겼으며, 이 사실을 조금도 의심하지 않았다.

초나라에서 온 어떤 사람이 있어 열자에게 물었다.

"선생님과 남곽자는 무슨 적대 관계입니까?"

열자가 말했다.

"남곽자는 겉모습은 충실하지만 마음은 비어 있네. 귀로는 듣지 못하고 눈으로는 보지 못하며 입으로는 말할 수 없네. 마음에는 아는 것이 없고 몸은 어떤 것도 두려워할 줄 모르니, 찾아간들 무엇 하겠는가? 그러나 시험 삼아 그대들과 함께 찾아가보겠네."

열자는 제자 40명을 가려내어 함께 남곽자를 찾아갔다. 과연 남곽자는 넋이 나간 사람 같아서 상대할 수 없었다. 그가 고개를 돌려 열자를 바라보는데, 몸과 정신이 서로 짝을 이루지 못해 도저히 함께 이야기할 수가 없는 상황이었다.

그때 남곽자가 갑자기 열자의 제자 가운데 맨 끝에 있는 사람을 가리키며 함께 이야기했다. 깐깐하여 오로지 곧게만 따지니 마치 반드시 이기고야 말겠다는 태도 같았다. 열자의 제자들은 깜짝 놀랐다. 돌아와서는 모두 얼굴에 의아한 빛을 띠었다. 그러자 열자가 말했다.

"뜻을 얻은 사람도 말이 없지만 모든 것을 아는 사람 또한 말이 없다. 말하지 않음으로써 말하는 것도 말하는 것이요, 알지 않음으로써 아는 것도 아는 것이다. 말하지 않는 것과 말하지 못하는 것, 알지 않는 것과 알지 못하는 것 역시 말하는 것이요, 또한 아는 것이다. 말하지 못할 것도 없고 알지 못할 것도 없으며, 말할 것도 없고 알 것도 없다. 이러할 뿐인데, 너희들은 어찌 놀라기만 하느냐?"

모든 것에서 벗어난 경지

◆◆

열자가 배움에 든 지 3년 만에, 마음은 시비를 생각하지 않게 되었고, 입은 득실에 대해 말하지 않게 되었다. 그제야 스승 노상은 그를 한 번 거들떠보았다.

5년이 지나 마음이 다시 시비를 염두에 두었고 입은 다시 득실에 대해 자주 말하게 되었다. 스승 노상은 그제야 한 번 활짝 웃어 보였다.

다시 7년이 지나자, 마음이 생각하는 대로 따라도 더 이상 시비를 따지지 않게 되었고, 입이 말하는 대로 따라도 더 이상 득실을 따지지 않게 되었다. 스승 노상은 그제야 그를 끌어다가 자리를 나란히 하고 한 번 앉히는 것이었다.

9년 뒤에는 마음이 가는 대로 제멋대로 생각하고 입이 말하고 싶은 대로 멋대로 버려두어도, 자신의 시비와 득실을 따지지 않게 되었고, 또 다른 사람의 시비와 득실도 따지지 않게 되었다. 안과 밖이 없어져 그 뒤로는 눈이 귀와 같고 귀가 코와 같고 코가 입과 같아, 서로 같지 않은 것이 없게 되었다. 마음은 엉키고 형체는 풀어져 뼈와 살이 모두 무르녹았다. 그리하여 육체라는 것이 무엇을 의지하고 있는지, 발은 무엇을 밟고 있는지, 마음은 무엇을 생각하고 있는지, 말은 무엇을 담고 있는지 모르는 경지에 이르렀다. 이렇게 되니 모든 이치가 숨김없이 드러나게 되었다.

놀이의 최고 경지

◆◆

처음에 열자는 놀러 다니기를 좋아했다. 이를 본 호구자가 물었다.

"그대는 놀러 다니는 것을 좋아하는데 그렇게 놀러 다니는 것은 어디에 좋은가?"

열자가 말했다.

"놀러 다니는 것의 즐거움이란 모든 사물이 옛 모습 그대로 있지 않은 것을 보러 다니는 데 있습니다. 보통 사람들은 구경 다니면서 보는 것으로 만족하지만, 제가 구경 다니는 것은 사물이 어떻게 변화했는지 보며 즐기기 위해서입니다. 다들 놀러 다닌다고 말하지만, 그 안의 다른 이치를 분별할 수 있는 사람은 아직 없습니다."

호구자가 말했다.

"그대의 놀이는 다른 사람과 같아 보이는데, 그대 혼자서만 남과 다르다고 생각하는가. 무릇 눈에 보이는 것은 항상 그 변화를 드러내고 있네. 외물의 변화를 완상한다고 하면서 그대 역시 옛날 그대로가 아님을 알지 못하고 있네. 외물을 감상할 줄만 알지 안으로 자신을 관찰하는 일에는 힘쓸 줄 모르기 때문이네. 외물을 감상하는 사람이 외물을 두루 볼 수 있기를 갈망하듯, 자신을 관찰하는 사람은 자신에게서 두루 취하기를 바라지. 자신에게서 두루 취하는 것이야말로 놀이의 가장 높은 경지일세. 외물을 두루 보는 것은 결코 높은 경지가 될 수 없네."

이에 열자는 종신토록 외출을 하지 않고 자신은 놀이에 대해 모르는 자라고 여겼다. 그러자 호구자가 말했다.

"놀이의 최고 경지에 이르렀구나! 놀이의 최고 경지에 이르면 자신이 가고 있는 곳을 알지 못하고, 구경의 최고 경지에 이르면 자신이 보고 있는 것을 알지 못한다. 어떤 곳이든 유람하고 어떤 것이든 구경할 수 있다. 이것이 내가 말하는 놀이이며, 이것이 내가 말하는 구경이다. 그러므로 나는 열자의 놀이가 최고 경지에 이르렀구나, 열자의 놀이가 최고 경지에 이르렀구나 하고 말한 것이다."

이 병을 고칠 수 있습니까

◆◆

용숙(龍叔)이 문지(文摯)에게 물었다.

"선생님의 재주는 아주 뛰어나십니다. 저에게 병이 있는데 고쳐주실
수 있는지요?"

문지가 말했다.

"말씀하시는 대로 따르겠습니다. 먼저 선생님이 앓고 있는 병의 증세
를 말씀해주십시오."

용숙이 말했다.

"저는 한 고을 사람들이 모두 저를 칭찬해도 영광스럽지 않으며, 한
나라 사람들이 모두 비방해도 욕이라고 여기지 않습니다. 물건을 얻어
도 기쁘지 않고, 잃어도 걱정스럽지 않습니다. 삶을 죽음과 같이 여기
고, 부유함을 가난처럼 봅니다. 그런가 하면 사람을 돼지와 다르지 않다
고 여기고, 제 자신이 남과 다를 바가 없다고 여깁니다. 제 집에 있으면

서도 여관에 있는 것 같고, 제가 사는 마을이 오랑캐 나라와 별반 다를 것이 없다고 여깁니다. 이런 증세는 벼슬이나 상을 준다 해도 고칠 수 없고, 법이나 형벌로도 억누를 수 없으며, 흥망성쇠와 이해관계로도 바꿀 수 없고, 슬픔과 기쁨으로도 고칠 수 없습니다. 애당초 저는 임금을 섬기는 일도, 친구를 사귀는 일도, 처자를 거느리는 일도, 하인을 다스리는 일도 할 수가 없었습니다. 이것은 어찌 된 병입니까? 어떤 방법으로 고칠 수 있을까요?"

이에 문지는 용숙에게 빛을 등지고 서게 하고는 자신은 밝은 쪽에 서서 그를 가만히 바라보았다. 그리고 이렇게 말했다.

"아! 선생님의 심장이 보입니다. 가운데가 한 치 정도 텅 비어 있군요. 마치 성인의 심장과 같습니다. 그런데 심장에 난 여섯 개의 구멍은 잘 통하고 있는데 나머지 구멍 하나는 막혀 있습니다. 지금 성인과 같은 지혜가 있어도 병이라 여기는 것은 아마 그 구멍이 막혀 있기 때문일 것입니다. 저의 하찮은 재주로 고칠 수 있는 것이 아닙니다."

많은 것이 태어나고 많은 것이 죽어간다

◆◆

말미암은 데가 없어도 항상 생겨나는 것이 도이다. 생겨난 것으로 말미암아 생겨나기 때문에, 설사 끝이 있다 해도 소멸되지 않는 것은 정상적 현상이다. 생겨난 것으로 말미암아 사라지는 것은 불행이다.

말미암은 데가 있으면서도 언제나 죽는 것 역시 도이다. 죽음으로 말미암아 죽기 때문에, 설사 끝이 나지 않는다 해도 스스로 멸망하는 것은 정상적 현상이다. 죽음으로 말미암아 생겨나는 것은 요행이다.

그러므로 쓰임 없이 생겨나는 것을 도라 하며, 도를 써서 사라지는 것을 정상적 현상이라 한다. 작용하는 바가 있는데 죽는 것도 도라 하고, 도를 써서 죽음을 얻는 것 역시 정상적 현상이라 한다.

계량(季梁)이 죽었을 때 양주는 그의 집 대문을 바라보면서 노래를 불렀고, 수오(隨梧)가 죽었을 때는 그의 시신을 어루만지면서 통곡했다. 많은 사람들이 태어나고 많은 사람들이 죽어간다. 그러면 많은 사람들이 노래하기도 하며 많은 사람들이 통곡하기도 한다.

극에 이르러야 되돌아간다

◆◆

    눈이 멀려는 사람은 가는 터럭을 남보다 먼저 보고, 귀가 먹으려는 사람은 모기가 내는 작은 소리를 남보다 먼저 들을 수 있다. 입맛을 잃어가는 사람은 치수와 면수의 물맛을 남보다 먼저 분별하며, 코가 막히려는 사람은 타는 냄새와 썩는 냄새를 남보다 먼저 맡는다. 몸이 넘어지려는 사람은 남보다 먼저 내달리고 싶어 하고, 마음이 미혹해지려는 사람은 남보다 먼저 시비를 안다. 마찬가지로 사물은 극점에 이르지 않으면 되돌아가지도 않는 법이다.

누가 누구를 부리는가

◆◆

정나라의 포택(圃澤)에는 현명한 사람이 많고, 동리(東里)에는 재능이 뛰어난 사람이 많았다. 포택에 백풍자(伯豐子)라는 사람이 있었는데, 그가 동리를 지나다가 우연히 등석(鄧析)을 길에서 만났다. 등석은 자기 무리를 돌아보고 웃으면서 말했다.

"그대들이 보는 앞에서 저기 오는 자를 희롱해보겠네. 저 사람이 어떻게 나오는지 한번 보겠는가?"

사람들이 대답했다.

"구경해볼 만한 일이겠군요."

이에 등석이 백풍자에게 이렇게 물었다.

"당신은 양육받는 것과 양육하는 것의 차이를 알고 있소? 다른 이들에게 양육받기만 하고 스스로 양육하지 못하는 사람은 개나 돼지와 같다오. 만물을 양육해서 자신을 위해 이용하는 것은 사람의 능력이오. 당

152

신 같은 무리를 배부르게 먹이고 옷을 입히고 편히 쉬게 하는 것은 우리처럼 정치하는 사람들의 공로라오. 당신들은 남녀노소 가리지 않고 아무것도 하는 일 없이 한데 모여 있으니, 마치 우리 안의 짐승 같은 생활을 하고 있는 셈이오. 그렇다면 개나 돼지 무리와 무엇이 다르겠소?"

백풍자는 대꾸를 하지 않았다. 그러자 백풍자의 종자가 앞으로 나서며 말했다.

"대부께서는 제나라와 노나라에 온갖 재주를 부리는 사람이 많다는 말도 듣지 못하셨습니까? 집을 잘 짓는 자도 있고, 쇠와 가죽을 잘 다루는 자도 있으며, 악기를 잘 다루는 자도 있습니다. 책을 잘 읽거나 셈을 잘하는 자도 있고, 군대를 잘 다스리는 자도 있으며, 종묘 제사를 잘하는 자도 있습니다. 이처럼 재능이 있는 자는 모두 다 있습니다. 그렇지만 그들 가운데는 재상을 할 만한 자도 없고, 그들 같은 사람을 부리거나 관리할 만한 자도 없습니다. 그들을 관리할 때 전문 지식이 필요한 것도 아니고, 그들을 부릴 때 전문적인 능력이 필요한 것도 아닙니다. 전문 지식과 능력이 있으면 부림을 받을 뿐입니다. 정치를 하는 사람들이란 바로 우리의 부림을 받는 자들인데, 선생께서는 어찌해서 이렇게 뽐내고 계십니까?"

등석은 대꾸할 말이 없어 그의 무리에게 눈짓해 물러났다.

무엇이 가장 강한 힘인가

◆◆

　공의백(公儀伯)은 제후들에게 힘이 센 걸로 알려졌다. 당계공(堂谿公)이 이를 주나라 선왕에게 알려주자 왕은 예를 갖추어 그를 초빙했다. 그런데 공의백이 주나라에 당도해서 보니, 그저 연약한 남자일 뿐이었다. 왕은 의심을 떨치지 못해 그에게 물어보았다.

　"당신의 힘은 어느 정도요?"

　공의백은 이렇게 말했다.

　"저의 힘은 그저 봄 메뚜기의 넓적다리를 꺾을 수 있고 가을 매미의 날개를 찢을 수 있을 정도입니다."

　왕이 화난 얼굴빛을 지었다.

　"코뿔소 가죽을 찢고 소 아홉 마리의 꼬리를 잡아채 끈다고 해도 힘이 약하다고 할 판인데, 겨우 봄 메뚜기의 넓적다리를 꺾고 가을 매미의 날개를 찢을 수 있다니. 그런데도 세상에 힘으로 알려졌단 말이오? 어찌 된 일이오?"

공의백은 길게 한숨을 쉬고 자리에서 물러나며 이렇게 말했다.

"훌륭한 질문입니다. 사실대로 아뢰겠습니다. 저의 스승 상구자(商丘子)라는 분이 계십니다. 힘으로는 천하무적이지만 집안사람과 친척조차 그 사실을 알지 못했습니다. 그분이 힘을 쓴 적이 없었기 때문입니다. 저는 몸과 마음을 다해 그분을 모셨는데 어느 날 이렇게 일러주시더군요.

'사람들은 자기가 보지 못한 것을 보고 싶어 하고 남이 보지 못한 것을 보고자 한다. 자기가 얻지 못한 것을 얻고 싶어 하고, 남이 하지 못하는 것을 하고 싶어 한다. 그러므로 보는 능력을 키우려는 사람은 먼저 나뭇짐을 실은 수레처럼 큰 것부터 보기 시작하며, 듣는 능력을 키우려는 사람은 먼저 종소리처럼 뚜렷한 소리부터 듣기 시작해야 한다. 자기 마음속으로 쉽다고 여기게 되면 그렇게 행하는 데도 별 어려움이 없다. 행하는 데 어려움이 없기 때문에 그 이름이 집 밖으로 알려지는 법이 없는 것이다.'

그런데 지금 제 이름은 제후들 사이에 널리 알려졌습니다. 제가 스승의 가르침을 어기고 제 능력을 드러냈기 때문입니다. 그렇지만 저의 명성이란 힘에 기대서 얻어진 것이 아니라, 그 힘을 쓰는 과정에서 얻어진 것입니다. 따라서 힘을 과시하는 것보다 낫다고 할 수 있지 않겠습니까?"

궤변 속에 담긴 이치

◆◆

중산의 공자 모(牟)는 위나라의 현명한 공자로 알려졌다. 그런데 그는 어진 이들과 어울려 노는 것만 좋아하고 나랏일을 돌보지 않았다. 특히 조나라 사람 공손룡(公孫龍)을 좋아했는데, 이를 싫어했던 악정자여(樂正子輿)의 무리가 그것을 비웃었다.

공자 모가 말했다.

"그대들은 어째서 내가 공손룡을 좋아하는 일을 비웃는가?"

자여가 말했다.

"공손룡이란 사람은 스승에게서 배우거나 벗과 함께 학문을 익히지도 않았습니다. 말은 교묘하지만 이치에 들어맞지 않고, 마구 떠들기만 할 뿐 일정한 주장이 없으며, 괴이한 것을 좋아하고 망언을 즐겨 합니다. 그리하여 남의 마음을 미혹시키고 사람들의 입을 굴복시키고자 한단(韓檀)과 같은 사람들과 무리를 지어 그 방법을 익혀왔습니다."

공자 모는 얼굴빛을 바꾸었다.

"어째서 공손룡에 대해 그리 심하게 말씀하시오? 구체적인 사실을 듣고자 하오."

자여가 말했다.

"공손룡이 공천(孔穿)을 속였던 적이 있습니다. 그는 '활을 잘 쏘는 사람은 뒤에 쏘는 화살촉이 앞에 쏜 화살 꼬리를 물고, 한 발씩 쏠 때마다 이렇게 화살 하나하나가 모두 연결되어 맨 앞 화살이 과녁에 이르러도 중간에 끊어져 떨어지는 것 없이 맨 뒤 화살꼬리는 그대로 활줄에 얹혀 있어 마치 밧줄처럼 보인다'라고 했습니다.

공천이 놀라자 공손룡은 다시 '이것도 아직 절묘한 것은 못 된다. 봉몽(逢蒙)의 제자 홍초(鴻超)는 그의 아내에게 노해서 겁을 주려고 오호(烏號)의 활을 들어 기위(綦衛)의 화살로 아내의 눈동자를 쏘았다. 화살이 아내의 눈동자에 닿을 찰나, 아내가 눈도 깜빡이지 않았는데 화살은 그대로 땅에 떨어졌다. 땅에는 먼지 하나 일지 않았다'라고 했습니다. 어찌 지혜 있는 사람이 이런 거짓말을 할 수 있겠습니까?"

공자 모가 말했다.

"지혜 있는 사람의 말이란 진실로 어리석은 자들이 이해할 수 있는 것이 아니오. 뒤에 오는 화살촉이 앞에 가는 화살촉 꼬리에 들어맞는 것은, 뒤의 것과 앞의 것을 똑같은 세기와 방향으로 쏘았기 때문이오. 화살이 눈동자를 향해 날아와도 한 번도 깜빡거리지 않을 수 있는 것은 눈동자에 화살이 도착했을 때 화살의 기세가 사라졌기 때문이오. 그대는 어찌 이를 의심하시오?"

악정자여가 말했다.

"공자는 공손룡의 친구이니 어찌 그 결점을 덮어주지 않을 수 있겠습니까? 그렇다면 다시 그보다 더한 것을 말씀드리겠습니다. 공손룡은 위나라 임금을 이런 말로 속였습니다. '의념이 있으면 마음이 일어나지 않는다.' '개념으로는 사물을 드러낼 수 없다.' '사물은 다함이 없다.' '그림자는 움직이지 않는다.' '천 근 무게를 들어 올릴 수 있는 머리카락이 있다.' '흰 말은 말이 아니다.' '어미 잃은 송아지에게는 본래부터 어미가 없다.' 모두 유래가 없고 인륜에 어긋나는 말입니다. 그런 궤변을 어찌 말이라 할 수 있겠습니까."

공자 모는 이렇게 말했다.

"그대는 지극한 이치가 담긴 말을 이해하지 못하고 이를 탓하고 있는데, 사실 잘못은 바로 그대에게 있소. 의념이 없으면 마음은 항상 동일한 상태로 있고, 구체적 개념이 없으면 어떤 것이든 설명할 수 있는 법이오. 또 사물이 다해도 어떤 것이 존재한다는 본질 자체는 영원하오. 그림자는 움직이지 않는다는 말은, 어떤 것이 움직일 때마다 새로운 그림자가 생겨난다는 뜻이오. 머리카락이 천 근 무게를 들어 올릴 수 있는 것은 그 형세가 천 근과 균등하기 때문이오. 흰 말은 말이 아니라는 것은, 말의 형체와 개념을 분리할 수 있기 때문이오. 어미 잃은 송아지에게 본래부터 어미가 없다고 한 것은, 어미가 있었다면 어미 잃은 송아지가 아니기 때문이오."

악정자여가 말했다.

"공자는 공손룡의 말이 모두 조리 있다고 여기십니다. 그러니 설령

똥구멍에서 나오는 소리라 하더라도 인정하시겠군요."

공자 모는 아무 말도 하지 않고 한참 있다가 작별을 고했다.

"청컨대 다른 날 다시 찾아뵙고 토론을 벌이겠소."

물러날 줄 아는 지혜

◆◆

요임금이 천하를 다스린 지 50년이 되었다. 그는 천하가 잘 다스려지고 있는지 아닌지 알 수 없었고, 뭇 백성이 자기를 떠받들고 있는지 아닌지도 알 수 없었다. 좌우의 신하들에게 물어보았지만 신하들도 알지 못했다. 조정 밖으로 나가 물어보았지만 조정 밖에서도 모른다고 했다. 재야인사들에게 물어보았지만 그들도 모른다고 했다.

마침내 요임금은 평복으로 갈아입고 사통팔달의 넓은 거리로 나가 길을 걸었다. 그때 아이들이 노래 부르는 소리가 들려왔다.

"우리 백성을 일으켜주심이 그분의 지극함 아닌 것이 없네. 알게 모르게 임금의 법도를 따르게 되네."

요임금은 기뻐하며 아이들에게 물었다.

"누가 너희에게 이런 노래를 가르쳐주더냐?"

아이들이 대답했다.

"어떤 대부한테 들었어요."

그 대부에게 물었더니 대부는 이렇게 대답했다.

"그건 옛날부터 내려오는 시입니다."

요임금은 궁궐로 돌아와 순을 부르고 그에게 천하를 물려주었다. 순은 사양하지 않고 임금 자리를 물려받았다.

도란 무엇인가

◆ ◆

관윤희(關尹喜)가 이렇게 말했다.

"스스로 집착하지 않아도 형체가 있는 사물은 저절로 드러나게 마련이다. 그 움직임은 물처럼 환하게 보이고, 그 고요함은 거울과 같으며, 그 반응은 메아리와 같다. 그러므로 도란 본래 사물의 변화에 순응하는 것이다. 사물이 도를 어긴다 해도 도는 사물을 어기지 않는다. 이러한 도를 잘 따르는 사람은 귀를 사용하지 않고 눈도 쓰지 않으며, 힘을 사용하지 않고 마음도 쓰지 않는다. 도를 따르고자 하면서 눈과 귀와 육체와 지혜를 사용하는 것은 이치에 맞지 않는다.

도는 앞에 있는 것 같은데 홀연히 뒤에 와 있으며, 사용하려고 하면 동서남북 온 세상에 가득 채울 수 있고, 그것을 버리려 하면 어디 있는지조차 알 수 없다. 또 마음속으로 바란다고 해서 멀리 떨어지거나, 마음속으로 바라지 않는다고 해서 가까이 도달할 수도 없다. 오로지 말없이 터득해서 본성에 따라 성취해야 얻을 수 있다. 알아도 마음을 쏟지 않고, 할 수 있어도 하지 않는 것이 진정한 앎이며 진정한 능력이다. 무지에서 작용하는 것이니 어찌 인정이 있겠는가? 무능에서 작용하는 것이니 어찌 할 수 있는 것이 있겠는가? 쌓인 흙덩이요 쌓인 먼지일 뿐이다. 고작해야 아무것도 할 수 없는 것이며, 그렇다고 무슨 이치인 것도 아니다."

제5편

탕임금의 질문

탕문 · 湯問

5편을 읽기 전에

◆ ◆

탕은 하나라를 멸망시키고 은나라를 세운 인물
로, 천을(天乙) 또는 태을(太乙) 등으로도 불리며
후세에 성군으로 숭상된다. 이 편은 탕임금이 우
주의 무한함에 대한 깨달음을 통해 인간의 한계
를 극복하려고 노력한다는 내용으로 시작된다.
단지 인간 능력 밖의 일을 숙명으로 받아들이고
체념하는 것이 아니라, 노력과 수용을 통해 자연
에 순응하는 경지를 전하고 있다. 특히 5편은 과
보축일(夸父逐日), 우공이산(愚公移山), 백아절
현(伯牙絶絃) 등 후대에 널리 사용되는 고사성어
의 유래가 다수 포함되어 있다.

均, 天下之至理也

균형이란 천하의 지극한 이치이다

우주에 무엇이 있는가

◆◆

은나라 탕임금이 하혁(夏革)에게 물었다.

"태초에 만물이 있었소?"

하혁이 말했다.

"태초에 만물이 없었다면 지금 어떻게 만물이 있겠습니까? 후대 사람들이 지금 우리가 사는 오늘날을 두고 만물이 없었다고 말한다면 사실이겠습니까?"

탕임금이 다시 물었다.

"그렇다면 만물에는 선후가 없다는 것이오?"

하혁이 물었다.

"만물의 시작과 끝은 처음부터 경계가 없었습니다. 시작이 끝이 되거나 끝이 시작이 되는데, 어찌 그 벼리를 알아낼 수가 있겠습니까? 그러니 만물 밖의 것이나 어떤 일의 이전에 있었던 것에 대해서 저도 아는 것이 없습니다."

탕이 다시 말했다.

"그렇다면 위아래 팔방의 우주는 끝이나 다함이 있소?"

하혁이 말했다.

"모릅니다."

탕임금이 집요하게 묻자 하혁이 말했다.

"보이지 않는 것은 끝도 없을 테고 보이는 것은 다함이 있을 것입니다. 그러니 제가 어찌 알겠습니까? 무극(無極) 바깥에 무무극(無無極)이 있고, 무진(無盡) 가운데 다시 무무진(無無盡)이 있습니다. 무극은 다시 무무극이 되며, 무진은 다시 무무진이 됩니다. 이로써 나는 만물에 그 끝과 다함이 없음을 알 수 있습니다. 그러나 끝과 다함이 있음에 대해서는 알지 못하겠습니다."

탕이 또 물었다.

"이 사해 밖에는 무엇이 있소?"

하혁이 말했다.

"마치 이곳 중국과 같겠지요."

탕이 말했다.

"무엇으로 증명할 수 있소?"

하혁이 말했다.

"저는 동쪽으로 영주(營州)까지 가보았는데, 그곳 사람들은 이곳 사람들과 같았습니다. 영주의 동쪽은 어떠한지 물었더니 영주와 같다고 했습니다. 그리고 서쪽으로 빈주(邠州)까지 가보았는데 그곳 사람들 역시 우리와 마찬가지였습니다. 빈주 서쪽은 어떠한지 물었더니 역시 빈주와 같다고 했습니다. 저는 이로써 사해(四海)나 그 바깥의 사황(四荒), 그리고 다시 그 바깥의 사극(四極)이 이곳과 다르지 않다는 것을 알게 되었습니다.

그러므로 대소(大小)가 서로를 품어서 다함이 없는 것입니다. 만물을 품고 있는 것은 천지를 품은 것과 같습니다. 만물을 품고 있어서 다함이 없고, 천지를 품고 있어서 한계가 없는 것입니다. 제가 어찌 천지의 바깥에 더 큰 천지가 없을 것이라고 장담하겠습니까? 저 역시 알 수 없는 일입니다.

그러나 천지 역시 물체입니다. 어떤 물체든 부족함이 있습니다. 그러므로 옛날 여왜씨는 오색 돌로 하늘의 틈을 채워 넣었고, 큰 거북의 다리를 잘라 세상 네 귀퉁이 끝에 기둥을 세웠습니다. 그 뒤에 공공씨가 전욱과 임금 자리를 놓고 다투다가 화가 나서 부주산을 들이받고 하늘의 기둥을 부러뜨리고 땅의 그물을 끊어버렸습니다. 그래서 하늘이 서북쪽으로 기울어 해와 달과 별이 서북쪽으로 돌게 되었습니다. 땅은 동남쪽으로 내려앉아 모든 물이 그 쪽으로 흘러 모여드는 것입니다."

탕이 다시 물었다.

"만물에는 크고 작음이 있소? 길고 짧음이 있소? 같고 다름이 있소?"

하혁이 대답했다.

"발해의 동쪽으로 몇억만 리가 되는지 알 수 없는 곳에 골짜기가 있는데 실로 밑바닥이 없는 골짜기입니다. 그 아래에는 바닥이 없는데, 그곳을 귀허(歸墟)라고 합니다. 온 우주 팔방과 구야(九野)의 물, 그리고 은 하수의 물까지 어느 하나 그곳으로 흘러들지 않는 것이 없습니다. 그런데도 물은 늘어나지도 줄어들지도 않습니다.

그 가운데 산이 다섯 개 있는데, 첫째는 대여산(岱興山), 둘째는 원교산(員嶠山), 셋째는 방호산(方壺山), 넷째는 영주산(瀛洲山), 다섯째는 봉래산(蓬萊山)이라고 부릅니다. 모든 산의 높이와 둘레는 삼만 리이며 산꼭대기에는 구천 리 정도 되는 넓은 평지가 있습니다. 산과 산 사이의 거리는 칠만 리로, 서로 이웃하고 있습니다. 산 위의 누대와 궁궐은 모두 금옥으로 만들어져 있고, 새와 짐승은 모두 새하얗습니다. 주옥으로 된 나무가 빽빽하게 자라 있고, 꽃과 열매는 모두 맛이 뛰어납니다. 그것을 먹으면 누구나 늙지 않고 죽지도 않습니다. 그곳에 사는 사람들은 모두 신선이 아니면 성인입니다. 하루 낮이나 하루 저녁 사이에 날아갔다가 다시 날아서 돌아오는데 그 수를 헤아릴 수 없을 정도입니다.

그런데 이 다섯 산의 뿌리는 서로 붙어 있지 않아 항상 조수와 파도를 따라 떠돌아다니며 잠시도 멈추어 있지 않았습니다. 신선과 성인들은 이것이 걱정되어 천제에게 호소했습니다. 천제는 다섯 산이 끝내 서쪽 끝으로 흘러가서 여러 선인과 성인이 거처를 잃어버리면 어떡하나 하고 걱정했습니다. 이에 우강(禺彊)에게 명해 큰 자라 열다섯 마리를 시켜 머리로 다섯 산을 이고, 다섯 마리씩 삼교대를 해서 6만 년에 한 번씩 바꾸도록 했습니다. 다섯 산은 그제야 비로소 우뚝 솟아 움직이지 않았습니다.

그런데 용백(龍伯)의 나라에 사는 어떤 거인이 발을 들어 채 몇 걸음 가지 않아 이 다섯 산이 있는 곳에 다다랐습니다. 그는 낚시 하나로 연이어 큰 자라 여섯 마리를 낚아서 모두 짊어지고 서둘러 자신의 나라로 돌아왔습니다. 큰 자라의 뼈를 태워 점을 치는 데 사용했다고 합니다. 이리하여 대여산과 원교산은 북극으로 흘러 들어가 대해에 가라앉았습니다. 천제는 크게 노해 용백의 나라를 점점 줄였습니다. 땅을 좁게 만들고 사람들의 몸도 점점 작게 줄여버렸습니다. 그러나 복희와 신농의 시대가 되었을 때도 그 나라 사람들은 키가 수십 장이나 되었습니다.

중주(中州)에서 동쪽으로 사십만 리를 가면 초요국(僬僥國)이라는 난쟁이 나라가 있습니다. 그곳 사람들의 키는 겨우 한 자 다섯 치 정도입니다. 또 동북극에 사는 쟁인(諍人)이라는 사람들은 겨우 아홉 치밖에 되지 않습니다.

형주(荊州) 남쪽의 명령(冥靈)이라는 나무는 5백 년을 봄으로 삼고 다시 5백 년을 가을로 삼습니다. 상고시대의 대춘(大椿)이라는 나무는 8천 년을 봄으로 삼고 8천 년을 가을로 삼았습니다. 그런가 하면 부식토 위에 자라는 균지(菌芝)라는 버섯은 아침에 났다가 저녁이면 죽습니다. 봄여름 사이에는 몽예(蠓蚋)라는 하루살이가 나오는데, 비가 내리면 생겨났다가 햇볕만 나면 바로 죽습니다.

북쪽 끝 바깥에 명해(溟海)라는 바다가 있는데, 바로 천지(天池)입니다. 그곳에 사는 물고기는 너비가 수천 리이며 길이는 너비에 상당합니다. 그 이름을 곤(鯤)이라 합니다. 그곳에 새가 있어 이름을 붕(鵬)이라 합니다. 날개는 하늘에 가득 드리운 구름과 같고 몸은 그러한 날개에 맞추어 깁니다.

세상에 누가 이런 것들이 있다는 사실을 알았겠니까? 우임금이 치수를 하러 다니면서 발견하고 백익(伯益)이 이를 알아내어 이름 붙였으며, 이견(夷堅)이 이를 듣고 기록해놓은 것입니다.

강포 지역에 작은 벌레가 있는데 이름을 초명(焦螟)이라 합니다. 떼를 지어 날아다니다가 모기 눈썹에 모여 앉아도 몸이 서로 닿지 않습니다. 모기 눈썹 위에 붙어살면서 들락날락거려도 모기는 알아차리지 못합니다. 이주(離朱)와 자우(子羽) 같은 눈 밝은 사람이 대낮에 눈을 닦고 눈썹을 추켜올리며 자세히 들여다보아도 형상이 보이지 않으며, 치유(鯷角俞)와 사광(師曠) 같은 귀 밝은 사람이 조용한 한밤중에 귀를 기울여 들어보려 해도 소리를 들을 수 없습니다. 오직 황제와 용성자(容成子)가 공동산 위에 함께 머물면서 석 달 동안 재계해, 마음을 없애고 자신의 몸이 있다는 사실도 잊어버리듯 해야 합니다. 그렇게 찬찬히 정신을 모아서 보면 비로소 숭산의 언덕만큼이나 크게 드러나 보입니다. 다시 서서히 기를 모아 들으면 비로소 그것이 쿵쿵하며 우레처럼 내는 소리를 들을 수 있습니다.

오나라와 초나라에 큰 나무가 있는데, 이름을 유(柚)라고 합니다. 푸른 나무로서 겨울에도 자라며 열매는 붉고 맛은 십니다. 껍질과 즙을 먹으면 분노로 기가 치솟는 병을 치료할 수 있습니다. 그래서 중원 사람들은 이를 진귀하게 여깁니다. 하지만 회수를 건너서 북쪽으로 옮겨 심으면 탱자나무로 변하고 맙니다. 구욕새는 제수(濟水)를 넘어서는 살지 않으며, 담비는 문수(汶水)를 넘으면 서식하지 못합니다. 땅 기운이 그렇게 만드는 것입니다.

비록 그렇다고는 하나, 형체와 기질이 다르다고 해도 본성은 같아서

서로 바꿀 필요가 없습니다. 하늘에서 받은 성품은 각기 사는 곳에서 완전하며, 하늘에서 받은 직분은 모두 그에 맞게 충족되어 있습니다. 그러니 제가 어찌 크고 작음을 알겠습니까? 어찌 그 길고 짧음을 알겠습니까? 또 어찌 그것이 같고 다름을 알겠습니까?"

산을 옮긴 사람

◆◆

태형산과 왕옥산이 차지하고 있는 넓이는 7백 리고 높이는 만 길이나 된다. 원래 기주 남쪽과 하양의 북쪽 사이에 있었다.

그곳 북산에 우공(愚公)이라는 나이 아흔이 다 된 늙은이가 산을 마주보고 살고 있었다. 그는 산이 북쪽을 가로막고 있어 드나들 때 산을 돌아가야 하는 게 몹시 괴로웠다. 이에 집안사람들을 모아놓고 상의했다.

"너희들이 나와 힘을 합해 이 산을 깎아 평지로 만들어 예주의 남쪽으로 통하고 한수의 남쪽까지 곧바로 갈 수 있는 길을 내보자. 모두들 어떠하냐?"

집안 식구들은 모두가 그의 뜻을 따르기로 했지만 아내만은 펄쩍 뛰었다.

"당신 같은 늙은이 힘으로는 조그만 괴보산의 언덕조차 깎을 수 없을 텐데 그 높은 태형산과 왕옥산을 어찌 없앨 수 있다는 말이오? 게다가

파낸 흙과 돌은 어디다 버린단 말이오?"

식구들이 말했다.

"발해 바다 밖 은토의 북쪽에다 버리면 되지요."

마침내 우공은 자손들 중에서 세 사람을 데리고 나서서 돌을 깨고 흙을 파 삼태기에 담아 발해 밖으로 날랐다. 이웃 경성씨의 과부에게 유복자가 있었는데, 이제 막 이를 가는 어린아이였다. 그 아이도 달려와 함께 이 일을 도왔다. 그러나 얼마나 먼 길인지 겨울이 가고 여름이 와서야 겨우 흙을 한 번 지고 갔다가 돌아올 수 있었다.

하곡에서 지혜롭다고 소문난 지수(智叟)라는 늙은이가 이를 보고 참다못해 웃으면서 말렸다.

"당신은 너무나 어리석소. 당신은 늙어서 이제 살날도 얼마 남지 않았소. 남은 힘으로는 산의 한 귀퉁이도 없애기 어려울 텐데 무슨 힘으로 죽기 전에 그 많은 흙과 돌을 다 치우겠다는 것이오?"

우공은 탄식하며 이렇게 대꾸했다.

"당신의 고지식함은 어쩔 수 없구려. 과부의 어린 아들만도 못하군. 나는 비록 늙어 죽는다 하더라도 내게는 자식이 있소. 내 자식은 또 손자를 낳을 것이고, 손자는 또 자식을 낳고, 그 자식은 또 자식을 낳고, 그 자식은 또 손자를 낳을 것이오. 사람은 이렇게 자자손손 끝없이 이어지지만 이 산은 더는 불어나지 않고 깎이는 일만 남았는데 어찌 평평해지지 않을 수 있겠소?"

그러자 지혜롭다는 지수도 더 이상 대꾸할 수 없었다.

그런데 산과 강을 관장하는 조사신(操蛇神)이 이 소문을 듣고 우공이 그치지 않고 끝까지 산을 파헤치지나 않을까 걱정했다. 그래서 이 사건을 상제에게 보고했다. 그러나 상제는 도리어 우공의 정성에 감동해 과아씨의 두 아들을 시켜 산을 짊어지고 옮겨놓도록 했다. 이리하여 두 산은 삭주 동쪽과 옹주 남쪽으로 옮겨지게 되었다. 이로부터 기주의 남쪽과 한수의 남쪽은 막힌 곳이 없이 통하게 되었다.

해를 따라잡을 수 있을까

◆ ◆

　과보(夸父)라는 사람이 자신의 힘을 알지도 못한 채, 해의 그림자를 끝까지 따라잡아보겠다고 나섰다. 그는 해를 따라 우곡이라는 골짜기에 이르렀는데 목이 말라 견딜 수가 없었다. 그래서 황하와 위수로 달려가 그 물을 다 마셨지만 이것도 부족했다. 이리하여 다시 북쪽으로 대택의 물을 마시러 달려갔다. 그러나 도착하기도 전에 목이 말라 그만 길에 쓰러져 죽고 말았다. 그가 죽어 지팡이가 버려진 곳에 몸의 피와 살이 스며들어 등림이란 큰 숲이 생겨났다. 등림은 넓이가 사방으로 수천 리나 되었다.

자연 그대로의 도

◆◆

우임금이 이렇게 말했다.

"동서남북과 상하의 육합 사이, 사해 안의 이 세상은 일월의 빛을 받고 뭇 별로 방위를 정한다. 사시로 규칙을 삼고, 태세(太歲)로 햇수를 삼는다. 신령이 만들어낸 만물은 각기 형체가 다르다. 짧게 사는 것도 있고 오래 사는 것도 있으니 오직 성인만이 그러한 도리를 파악하고 있다."

하혁이 말했다.

"그러나 신령함이 없어도 생겨나고, 음양의 기를 빌리지 않고도 형체를 이루며, 일월이 없어도 밝은 것이 있습니다. 죽임이 없는데도 일찍 죽고, 이끌어줌이 없는데 오래 살며, 오곡이 없어도 먹고살고, 옷감이 없어도 옷을 입으며, 배나 수레가 없어도 다닐 수 있습니다. 그러한 도는 자연 그대로의 도로, 성인이 알 수 없는 것입니다."

모두가 즐거운 나라

◆◆

우임금이 물과 땅을 다스리다가 잘못해서 길을 잃고 엉뚱한 나라로 들어갔다. 북해의 북쪽 바닷가를 따라갔는데 중원에서 몇천만 리나 떨어져 있는지 알 수 없었다.

그 나라는 종북(終北)이라 불렸다. 경계가 아득해서 어디서 끝나는지 알 수 없었다. 비와 바람, 서리와 이슬이 없었고 조수나 초목, 벌레와 물고기도 살지 못했다.

사방은 모두 평평하고 주위는 높은 산으로 둘러싸여 있었다. 나라 한가운데 산이 있는데 호령(壺領)이라 했다. 입구가 좁은 항아리 모양이었다. 꼭대기에 굴이 있는데 둥근 고리 같아서 이름을 자혈(滋穴)이라고 했다. 거기에서 물이 솟아나고 있는데 그 이름을 신분(神瀵)이라 했다. 물에서 나는 냄새는 난초나 산초보다 좋고, 맛은 단술보다도 달았다. 샘물 하나가 네 갈래로 나뉘어 산 아래로 흘러내렸고, 나라 안을 두루 흘러 어디든 거치지 않는 곳이 없었다. 땅 기운은 온화하고 독한 병에 걸려 일찍 죽는 경우가 없었다.

사람들의 성품은 부드러워서 자연 그대로 순응하며 다툼도 싸움도 없었다. 심장은 부드럽고 뼈는 연약하며, 교만도 질투도 없었다. 어른과 아이들이 함께 어울려 살며 임금도 없고 신하도 없었다. 남녀가 어울려 놀되 중매도 없고 결혼이라는 것도 없었다. 물가를 따라 살았는데 농사도 짓지 않았다. 땅의 기운이 따뜻하고 살기에 적합해 길쌈도 하지 않고 옷도 입지 않았다. 백 살을 살고 나서 죽는데 요절하는 이도 없고 병들어 고생하는 이도 없었다.

그곳 사람들은 번성해서 인구가 셀 수 없을 정도였다. 기쁨과 즐거움은 있지만 늙고 쇠약해져서 생기는 슬픔과 고통은 없었다. 음악을 좋아하는 풍속이 있어서 서로 어울려 차례로 노래하며 하루해가 지도록 풍악이 끊기지 않았다. 배고프거나 지칠 때는 신분이라는 물을 마셨다. 그러면 기력과 정신이 다시 회복되었다. 그러나 어쩌다 너무 많이 마시면 취해서 열흘이 지나서야 깨어났다. 신분에 목욕을 하면 살갗이 기름져 윤택이 나고 향기도 열흘이 지나서야 없어졌다.

주목왕이 북쪽으로 유람을 하다가 그 나라를 지나게 되었다. 그는 그곳에 머문 지 3년이 되도록 돌아갈 생각을 하지 않았다. 주나라 왕실로 돌아온 뒤에도 그 나라를 그리워하면 시름에 젖었다. 술과 고기도 입에 대지 않았으며 비빈과 궁녀도 가까이하지 않았고, 몇 달이 지나서야 정상으로 회복되었다.

관중이 제환공에게 권해 요구(遼口)를 유람하게 되었다. 그때 함께 그

나라로 가고자 곧 떠날 차비를 하고 있었다. 이때 습붕(隰朋)이 말렸다.

"대왕에게는 이곳 제나라의 넓은 땅과 수많은 백성, 아름다운 산천과 풍성한 물자, 성대한 예의와 화려한 의복, 궁궐을 가득 채운 미인과 조정을 가득 채운 충성스러운 신하, 한 번 소리치면 모이는 백만의 군사, 한 번 호령하면 따르는 제후들이 있습니다. 그런데 어째서 그들을 부러워하며, 제나라의 사직을 버리고 오랑캐 나라를 찾아가겠다고 하십니까? 중보는 늙어서 그렇다고 해도 대왕께서는 어째서 그의 말을 따르려 하십니까?"

환공은 이에 출발을 멈추고 습붕의 말을 관중에게 전했다. 관중이 말했다.

"이것은 원래 습붕으로서는 이해하기 어렵습니다. 저는 그 나라를 제대로 알지도 못한 채 가보지도 못할까 봐 두려울 따름입니다. 우리 제나라의 부유함에 무슨 연연할 게 있습니까? 어찌하여 고작 습붕의 말을 듣고 머뭇거리십니까?"

세상의 풍속은 어떻게 다를까

◆◆

남쪽 나라 사람들은 머리를 짧게 깎고 벌거숭이로 살며, 북쪽 나라 사람들은 두건을 쓰고 가죽을 걸치고 살며, 중국 사람들은 예절을 차리느라 모자를 쓰고 의상을 갖추어 입는다.

구주에서 나는 물자는 각각 다르다. 농사를 지어 나오는 것도 있고, 장사를 해서 생기는 것도 있으며, 사냥이나 고기잡이를 해서 생기는 것도 있다.

겨울에는 가죽옷을 입고 여름에는 명주옷을 입으며, 배를 타고 물을 건너고 수레를 타고 육지를 이동한다. 이런 것들은 아무런 말을 하지 않아도 터득할 수 있으며, 본성에 따라 이루어질 따름이다.

월나라 동쪽에 첩목(輒沐)이라는 나라가 있다. 그곳 사람들은 맏아들을 낳으면 잡아서 먹어야 다음에 태어날 아우에게 좋은 일이 있다고 말한다. 또 할아버지가 죽으면 할머니를 업어다 버리면서 귀신의 처와는 함께 살 수 없다고 말한다.

초나라 남쪽에는 염인(炎人)이라는 나라가 있다. 그들은 부모가 죽으면 살을 발라낸 다음 남은 뼈를 묻어주어야만 비로소 효자라고 여긴다.

진나라 서쪽에는 의거(儀渠)라는 나라가 있다. 그들은 부모가 죽으면 장작을 쌓아놓고 태우면서 그을린다. 연기가 올라가면 그것을 등하(登遐)한다고 부르는데, 그래야 효자라고 여긴다.

윗자리의 임금은 이러한 풍속으로 정사를 돌보고 아래의 백성은 그것을 풍속이라 여겼으니 이상하게 바라볼 게 아니다.

공자도 모르는 것

◆◆

공자가 동쪽으로 유람하던 중이었다. 그런데 길가에서 두 아이가 말다툼하는 것을 보았다. 그 까닭을 물어보았더니 한 아이가 이렇게 대답했다.

"저는 해가 막 떠오를 때 사람과 해의 거리가 가장 가깝고, 해가 중천에 올 때 거리가 가장 멀다고 했습니다."

다른 아이가 말했다.

"저는 해가 막 떠오를 때는 가장 멀고, 해가 중천에 왔을 때 가장 가깝다고 했습니다."

처음 말한 아이가 말했다.

"해가 막 떠오를 때는 크기가 수레 덮개만큼이나 크고, 해가 중천에 있을 때는 대접 크기밖에 안 됩니다. 이것은 멀수록 작게 보이고 가까울수록 크게 보이기 때문 아니겠습니까?"

다른 아이가 반박했다.

"해가 막 떠오를 때는 아직 서늘하지만 중천에 이르면 끓는 국에 손을 넣은 것처럼 뜨겁습니다. 이것은 가까운 것일수록 뜨겁고 멀리 있는 것일수록 차갑기 때문이 아니겠습니까?"

공자가 어느 쪽으로도 결론을 내리지 못하고 머뭇거리자 두 아이가 웃으면서 놀렸다.

"누가 선생님을 두고 아는 것이 많은 분이라 했는지요?"

균형은 지극한 이치이다

◆◆

균형이란 천하의 지극한 원리이다. 형체 있는 물건조차 그렇다. 균형이 잡히면 머리카락으로도 물건을 매달 수 있다. 경중에 따라 머리카락이 끊어지는 것은 균형이 잡히지 않았기 때문이다. 균형이 잡혀 있다면 끊으려 해도 끊어지지 않을 것이다. 대부분은 그럴 수 없다고 여기겠지만 자연스럽게 이런 이치를 이해한 사람도 있다.

천하의 이름난 낚시꾼 섬하(詹何)는 명주실로 낚싯줄을 삼고 보리까끄라기로 낚싯바늘을 삼고, 형조(荊篠)라는 대나무 가지로 낚싯대를 삼고, 낱알을 쪼개어 미끼로 삼았다. 그러고도 수레에 가득 찰 정도로 큰 고기를 백 길이나 되는 연못의 거센 흐름 속에서 낚아 올렸다. 그런데도 낚싯줄이 끊어지지 않았고 낚싯바늘도 펴지지 않았으며 낚싯대는 휘어지지 않았다.

초나라 임금이 이를 듣고 기이하게 여겨, 그를 불러 직접 물어보았다.

그러자 섬하는 이렇게 대답했다.

"저는 돌아가신 아버님의 말씀을 들은 적이 있습니다. 포저자(蒲且子)는 주살로 새를 잡는데, 약한 활에 가느다란 줄을 매고 바람의 기세에 실어 흔들어 보냅니다. 그렇게 해도 푸른 하늘을 나는 왜가리 두 마리를 한 번에 잡는다고 했습니다. 마음이 오롯하고 손의 움직임에 균형이 잡혀 있기 때문입니다. 저는 이 방법을 바탕으로 낚시질을 연습해서 5년 만에야 비로소 완전히 익히게 되었습니다.

제가 물가에서 낚싯대를 잡을 때는 마음속 잡념을 버리고 오직 물고기만 생각합니다. 낚싯줄을 던지고 낚싯바늘을 드리울 때는 손이 가볍거나 무겁지 않고, 어떤 사물도 저를 어지럽힐 수 없습니다. 물고기는 제 낚싯밥을 보고 가라앉는 먼지나 한데 모여 있는 물거품으로 여겨 아무런 의심도 없이 삼킵니다. 그러므로 부드러운 것으로 강한 것을 제압하고 가벼운 것으로 무거운 것을 끌어올릴 수 있는 것입니다. 대왕께서 나라를 다스릴 때 진실로 이와 같이 할 수 있다면 곧 천하를 한 손아귀 안에 쥐고 주무를 수 있을 것입니다. 장차 하지 못할 일이 어디 있겠습니까?"

초나라 임금이 말했다.

"훌륭하오!"

심장을 뒤바꾼 편작의 의술

◆◆

노나라 공호(公扈)와 조나라 제영(齊嬰) 두 사람이 병이 나서 함께 편작을 모셔 치료를 받았다. 편작은 그들을 치료해 병을 고쳐준 다음 공호와 제영에게 이렇게 일러주었다.

"당신들이 전에 앓았던 병은 밖으로부터 들어와 오장육부를 괴롭힌 것입니다. 그런 병은 약이나 침으로 얼마든지 고칠 수 있었습니다. 그런데 제가 보니 평생 따라다닐 병이 몸과 함께 자라나고 있습니다. 지금 그 병을 고쳐주고자 하는데 어떻습니까?"

그러자 두 사람이 말했다.

"바라건대 먼저 어떤 증세인지 듣고 싶습니다."

편작이 공호에게 말했다.

"당신은 뜻이 강하지만 기가 약합니다. 그래서 지모가 많지만 결단력이 부족합니다. 그에 비해 제영은 뜻은 약하지만 기가 강합니다. 그래서 사려가 깊지 않고 제멋대로 하다가 상처를 입게 됩니다. 만약 당신들의 심장을 바꾼다면 두 사람 모두 좋아질 것입니다."

편작은 마침내 두 사람에게 독한 술을 먹여 사흘 동안 혼수상태에 빠뜨리고는 가슴을 가르고 심장을 적출해 바꾸어놓았다. 그리고 신비한 약을 쓰자 두 사람은 전과 같이 깨어나 집으로 돌아갔다.

그런데 사람이 바뀌어 공호는 제영의 집으로 돌아갔다. 처자들은 당연히 그를 알아보지 못했다. 한편 제영은 공호의 집으로 잘못 돌아갔고, 식구들도 그를 알아보지 못했다. 두 집안에서는 그 일로 결국 소송을 벌이게 되었고 편작에게 어떻게 된 일인지 설명하라고 요구했다. 편작이 사유를 설명하자 결국 소송도 마무리되었다.

거문고 연주의 경지

◆◆

　호파(匏巴)의 거문고 연주는 새들이 춤추고 물고기가 뛰어오를 정도
의 경지에 올라 있었다. 정나라 사문(師文)이 이 소문을 듣고 집을 떠나
당시 뛰어난 음악가였던 사양(師襄)을 찾아가 거문고를 배우겠다고 청
했다. 그렇게 손가락을 놀리면서 거문고 연주법을 3년이나 배웠지만 한
곡도 제대로 타지 못했다. 사양은 그에게 실망했다.

　"그대는 이제 그만 돌아가는 게 좋겠소."

　사문은 거문고를 내려놓으며 탄식했다.

　"저는 거문고 줄을 튕길 줄 모르는 것도 아니고 곡을 잘 못 타는 것도
아닙니다. 제가 마음을 둔 곳은 거문고 줄이 아니며 제가 뜻을 둔 것은
소리가 아니었습니다. 마음속으로는 집중할 수 없고 밖으로는 악기와
호응하지 못하니 감히 손을 놀려 거문고 줄을 튕기지 못했던 것입니다.
잠시 기다려주십시오. 그리고 어떻게 되는지 지켜봐주십시오."

얼마 지나지 않아 그는 다시 사양을 찾아갔다. 사양이 물었다.

"당신의 거문고 실력은 이제 어떻소?"

사문이 말했다.

"터득했습니다. 청컨대 시험 삼아 들어주십시오."

이에 봄을 맞이하여 상현을 튕기며 남려(南呂) 가락을 연주했다. 그러자 시원한 바람이 홀연히 불어오더니 초목에 열매가 맺혔다. 다시 가을을 맞이하여 각현을 튕겨 협종(夾鍾) 가락을 격하게 연주했다. 그러자 따뜻한 바람이 서서히 감돌면서 초목에 꽃이 피어 무성해졌다. 여름을 맞이하여 우현을 튕기며 황종(黃鐘) 가락을 연주하자 서리와 눈이 차례로 내리며 냇물과 연못이 꽁꽁 얼어붙었다. 이번에는 겨울을 맞이하여 치현을 튕기며 유빈(蕤賓) 가락을 연주하자 햇볕이 뜨거워지면서 쩡쩡 언 얼음이 그 자리에서 녹았다. 연주가 끝날 즈음 궁현을 튕기며 사계가 조화로운 음악을 연주하자 곧 따뜻한 바람이 피어오르고 상서로운 구름이 떠올랐으며, 감로가 내리면서 단술이 솟아올랐다.

사양은 가슴을 끌어안고 펄쩍펄쩍 뛰면서 감탄했다.

"훌륭하도다! 사광이 진평공을 위해 연주한 청각 곡이나 추연(鄒衍)이 불었다는 피리 솜씨도 이보다 더할 수는 없을 것이오. 그런 사람들조차 거문고를 끼고 피리를 들고서 당신의 뒤를 따라야 할 정도요."

슬픔과 기쁨을 부르는 노래

◆◆

설담(薛譚)이 진청(秦青)에게서 노래를 배웠다. 그는 진청의 재주를 아직 다 배우지도 않았는데 스스로 모두 익혔다고 여겨 그만 돌아가겠다고 청했다. 진청은 말리지 않고 그를 교외까지 전송하면서 박자를 맞추어 슬픈 노래를 불러주었다. 노랫소리가 숲의 나무를 진동시켜 지나가는 구름까지 멈추게 할 정도였다. 설담은 그제야 자신의 잘못을 뉘우치며 다시 받아주기를 청했다. 그 뒤 그는 평생 다시는 감히 돌아가겠다는 말을 꺼내지 못했다.

한번은 진청이 그의 친구를 돌아보며 이렇게 말했다.

"옛날 한아(韓娥)가 동쪽 제나라에 갔다가 양식이 떨어져 그곳 옹문을 지나면서 노래를 팔아 구걸했소. 그런데 그가 그곳을 떠나간 뒤에도 남아 있던 여음이 기둥과 대들보를 맴돌면서 사흘 동안 끊이지 않았다 하오. 그 소리를 들은 주변 사람들은 한아가 아직 그곳을 떠나지 않았다고 여겼소.

또 한번은 여관에 들렀는데, 여관에 있던 사람들이 그에게 모욕을 주었소. 한아는 슬픔을 참지 못해 느린 곡조로 슬픈 노래를 불렀다오. 그러자 마을의 노인이나 어린아이 할 것 없이 모두 슬퍼하며 서로 마주보고 눈물을 흘렸고, 사흘 동안 음식을 먹지 못했다고 하오. 사람들이 급히 그를 뒤쫓아가서 다시 모셔와 잘못을 빌었소. 그러자 그가 또다시 느린 곡조로 길게 노래를 불렀는데 이번에는 마을의 노인이나 어린아이할 것 없이 기뻐서 뛰며 손뼉치고 춤을 추면서 스스로를 억제하지 못했소. 조금 전의 슬픔은 씻은 듯이 잊어버렸지요. 사람들은 후한 예물을주어 한아를 떠나보냈다오. 옹문 근방 사람들은 지금까지도 노래와 곡을 잘하는데, 바로 한아가 남긴 소리를 본떴기 때문이라오."

거문고를 내려놓을 수밖에 없다

◆◆

　백아(伯牙)는 거문고를 잘 연주했다. 그의 친구 종자기(鍾子期)는 그의 연주를 가장 잘 이해했다. 백아가 높은 산을 연상하면서 거문고를 연주하자 듣고 있던 종자기가 이렇게 말했다.

　"훌륭하도다. 높고 높음이 마치 태산과 같도다!"

　다시 백아가 넘실거리는 물을 연상하면서 연주하자 종자기가 이렇게 말했다.

　"훌륭하도다! 넓고 넓음이 마치 강물과 같도다!"

　종자기는 백아가 무엇을 연상하든 모두 알아차렸다.

　그러던 어느 날, 백아가 태산의 북쪽으로 놀러 갔다가 갑자기 소나기를 만나 바위 아래 몸을 피하게 되었다. 분위기가 적적해 얼른 거문고를 꺼내어 타기 시작했다. 처음에는 소나기의 곡조를 타고 이어서 산이 무너지는 소리를 냈다. 그때마다 종자기는 바로 그의 뜻을 알아차렸다. 그러자 백아는 거문고를 내려놓으며 이렇게 탄식했다.

"자네가 거문고 소리를 듣는 실력은 너무나 훌륭하네. 자네가 생각하는 게 마치 내 마음과도 같네. 어떻게 내가 소리를 식별하는 자네의 능력에서 벗어날 수 있겠는가."

조물주와 버금가는 기술

◆ ◆

주나라 목왕이 서쪽 지방을 순행하다가 곤륜산을 넘었다. 그러나 엄산까지는 가지 못한 채 되돌아왔다. 나라에 다다르기 전에 길에서 어떤 사람이 공인을 추천하며 바쳐왔는데 이름을 언사(偃師)라 했다. 목왕은 그를 가까이 불러 물어보았다.

"그대는 무엇에 능한가?"

언사가 대답했다.

"제게 무엇을 만들라고 명하시든 모두 만들어드릴 수 있습니다. 그런데 제게 이미 만들어놓은 것이 하나 있습니다. 청컨대 왕께서 그것을 먼저 보아주셨으면 합니다."

목왕이 말했다.

"다음번에 만든 것을 모두 가지고 오라. 내 그대와 함께 그것을 구경하겠다."

다음 날 언사가 왕을 찾아뵙자 목왕이 그를 가까이 불러 물었다.

"그대와 함께 온 자는 누구인가?"

그가 대답했다.

"제가 만든 것으로, 사람이 아니라 춤추고 노래하는 인형입니다."

목왕이 놀라서 살펴보았더니 나아가고 걷고 굽히고 젖히는 모습이 살아 있는 사람과 조금도 다르지 않았다. 턱을 누르면 음률에 맞추어 노래를 부르고, 팔을 들면 박자에 맞추어 춤을 추었다. 천변만화하는 재주를 마음먹은 대로 부렸다.

왕은 인형이 진짜 사람이라고 여겼고, 성희(盛姬)와 궁의 시첩들과 함께 이 공연을 구경했다. 그런데 공연이 끝나갈 무렵 춤추고 노래하던 인형이 눈을 깜박이며 좌우 시첩들에게 추파를 던졌다. 왕은 이를 보고 크게 노해 그 자리에서 언사를 처단하려 했다.

언사는 매우 놀라 곧바로 그 인형을 해체해서 왕에게 보여주었다. 원래 모두 가죽과 나무, 아교, 옻, 그리고 흰색, 검은색, 붉은색, 푸른색 가루 등의 재료를 칠하고 붙여 만든 것이었다. 왕이 자세히 들여다보니 안쪽에 간, 쓸개, 심장, 폐, 허파, 콩팥, 내장, 위장이 있었고, 밖으로는 근육과 뼈, 팔다리, 관절, 피부, 털, 치아, 머리카락 등이 있었다. 모두 가짜였지만 어느 하나 빠뜨리지 않은 것이 없었다. 이것을 다시 모아 짜 맞추자 처음 봤을 때와 같아졌다. 왕이 시험 삼아 심장을 떼어내자 입으로 말을 하지 못했고, 간을 떼어내자 눈이 보이지 않았으며, 콩팥을 떼어내자 다리를 움직이지 못했다.

목왕은 비로소 노기를 풀고 감탄했다.

"사람의 정교한 기술로도 조물주와 같은 능력을 발휘할 수 있단 말인가?"

그러고는 칙명을 내려 황제를 따르는 수레에 그를 태우고 돌아왔다.

만드는 재주라면 천하에 제일이라는 반수(班輸)는 구름다리를 만들었고 묵적(墨翟)은 날아다닐 수 있는 솔개를 만들었다. 그러면서 스스로 최고의 기술이라고 자부했다. 어느 날 반수의 제자 동문고(東門賈)와 묵적의 제자 금골리(禽滑釐)가 언사의 기술에 관한 이야기를 전해 듣고 이를 자신들의 스승에게 말했다. 그 뒤 두 사람은 평생토록 기술에 대해서는 입도 떼지 못했으며 때때로 곱자와 그림쇠를 들고 연구해볼 따름이었다.

최고의 경지에 이른 궁사

◆ ◆

옛날 감승(甘蠅)이란 자는 활쏘기를 잘했다. 시위를 당기기만 해도 짐승들이 엎드리고 새들은 내려앉을 정도였다. 그의 제자 중에 비위(飛衛)라는 자가 있었다. 감승에게 활쏘기를 배웠는데 기술이 스승보다 뛰어났다. 나중에 기창(紀昌)이라는 사람이 비위에게 활쏘기를 배우려 하자 그는 우선 이렇게 가르쳐주었다.

"눈을 깜박거리지 않는 훈련부터 하시오. 그런 뒤에야 활쏘기를 논할 수 있소."

기창은 집으로 돌아가서 아내의 베틀 밑에 누워 눈으로 움직이는 베틀 끝을 응시하는 훈련을 했다. 2년 뒤에 과연 송곳 끝이 눈동자에 거꾸로 떨어져도 눈을 깜박이지 않는 경지가 되었다.

기창이 비위를 찾아가 그 사실을 말하자 비위는 이번에는 이렇게 말했다.

"아직 멀었소. 다음 단계로 바르게 보는 훈련이 필요하오. 조그만 물체가 커다랗게 보이고 희미한 물체가 뚜렷하게 보이면 다시 나를 찾아오시오."

기창은 이를 잡아 머리카락으로 묶어 창문에 달아놓고 남쪽을 향해서서 그것을 바라보았다. 열흘이 지나자 이가 점점 커지더니 3년 뒤에는 수레바퀴처럼 커다랗게 보였다. 다른 물체를 보아도 언덕이나 산처럼 커다랗게 보였다. 기창은 연나라에서 생산되는 각궁과 초나라에서 생산되는 가느다란 화살을 구해서 이를 쏘아보았다. 그러자 이의 심장을 꿰뚫을 수 있었다. 심지어 이를 묶은 머리카락이 끊어지지도 않았다.

비위를 찾아가 이 사실을 말했더니 비위는 가슴을 치며 기뻐했다.

"당신은 벌써 기술을 터득했소!"

기창은 비위의 기술을 모두 배워 익힌 뒤 천하에 자신을 대적할 만한 사람은 오직 한 사람, 바로 비위라고 여겼다. 그래서 비위를 죽이려고 기회를 엿보았다. 그러던 어느 날 두 사람은 들판에서 마주쳤다. 두 사람이 서로 활을 쏘자 공중에서 화살촉이 서로 부딪쳐 땅에 떨어졌는데 먼지도 일어나지 않았다. 그런데 비위의 화살이 다 떨어졌을 때 기창에게는 아직 화살이 하나 더 남아 있었다. 기창이 나머지 화살을 쏘자 비위는 대추나무 가시로 그것을 막았는데 조금도 어긋남이 없었다. 결국 두 사람은 눈물을 흘리며 활을 내던지고, 길바닥에서 서로 무릎을 꿇고 절하면서 부자의 연을 맺기를 청했다. 팔을 베어 흐르는 피로 맹세하면서, 다른 사람에게는 기술을 전수하지 않기로 약속했다.

수레를 모는 지혜

◆◆

　조보의 스승은 태두씨(泰豆氏)였다. 조보가 처음 그에게 수레 모는 법을 배울 때 매우 공손하게 예를 갖추었다. 그러나 태두는 3년이 지나도록 아무것도 일러주지 않았다. 조보가 예를 지켜 더욱 삼가자 그제야 태두는 이렇게 말했다.

　"옛 시에 '활을 잘 만드는 장인의 아들은 반드시 먼저 키부터 만들게 하고, 뛰어난 대장장이의 아들은 반드시 먼저 가죽옷부터 만들게 한다'라고 했네. 먼저 내가 걷는 모습을 잘 보게. 나처럼 걸을 수 있게 된 뒤라야 말고삐 여섯 줄을 잡고 말 여섯 마리를 다룰 수 있네."

　조보가 말했다.

　"명대로 따르겠습니다."

　태두는 나무 말뚝을 세워 길을 만들었다. 겨우 발 하나를 디딜 만한 폭의 말뚝을 보폭에 맞추어 세웠다. 그런 다음 말뚝을 밟고 걸어 다니는

데, 빠르게 뛰어도 결코 떨어지지 않았다. 조보는 이 기술을 연습해 사흘 만에 모두 익혔다. 태두가 감탄했다.

"자네는 어찌 그렇게 민첩한가? 참으로 빨리 터득했구려. 무릇 수레를 모는 일도 이와 같네. 방금 말뚝 위를 걸을 때 움직인 것은 발이지만 그렇게 조종한 것은 마음이네. 수레 모는 일로 비유하자면 이렇다네.

고삐와 재갈을 조종할 때 속도의 완급은 말의 입술과 서로 조화를 이룬다네. 정확한 조종은 마음속에서부터 시작되며 팔뚝으로는 박자를 지켜야 하네. 몸 안에서 알맞은 생각을 하고, 몸 밖으로는 말의 성정에 부합시켜야 하네. 나아가고 물러남이 법도를 따르고 방향을 틀 때는 규칙을 지키네. 길을 골라잡아 멀리 달리고도 기력에 여유가 있어야 진실로 수레 모는 기술을 완벽히 터득했다고 할 수 있네. 재갈에 신호가 가면 고삐에 바로 반응이 나타나고, 고삐에 신호가 가면 손에 반응이 나타나며, 손에 신호가 가면 곧바로 마음에 반응이 나타나네. 이렇게 되면 눈으로 볼 필요도 없고 채찍을 쓸 필요도 없어지네. 마음은 여유롭고 몸은 곧으며 여섯 마리 말의 고삐가 서로 엉키지 않네. 스물네 개의 말발굽이 만들어내는 걸음에는 조금의 오차도 없고, 좌우와 앞뒤로 나아감이 박자에 들어맞지 않는 법이 없네. 수레바퀴 말고는 다른 흔적이 남지 않고 말발굽 말고는 땅에 아무것도 닿지 않는다네. 험난한 산길과 평탄한 들판도 별 차이가 없이 같아지네. 내 기술은 이것뿐이니 잘 기억해두게!"

눈에 보이지 않는 신비한 칼

❖❖

위나라 흑란(黑卵)이 사사로운 혐의를 뒤집어씌워 구병장(丘邴章)을 죽였다. 구병장의 아들 내단(來丹)은 아버지의 원수를 갚고자 했다. 내단은 기질이 매우 용맹했지만 몸은 매우 나약했다. 낟알을 계산해 밥을 지어 먹고 바람을 따라 걸어 다닐 정도였다. 비록 화는 났지만 무기를 들어서 보복할 수는 없었다. 그러나 남의 힘을 빌리는 것을 수치로 여겨, 자신이 직접 칼을 들고 흑란을 찔러 죽이겠다고 맹세했다.

그에 비해 흑란은 사납기가 이루 말할 수 없었고 힘은 백 사람을 대적할 만했다. 근골과 피육은 보통 사람의 것이 아니었다. 목을 길게 빼서 칼날을 받고 가슴을 풀어헤치고 화살을 받아도 칼날과 화살촉이 부러지거나 휠 뿐 몸에는 흔적조차 남지 않았다. 그는 자기의 재주와 힘을 믿고 내단 따위는 마치 갓 태어난 병아리나 어린 새를 보듯 했다.

내단의 친구 신타(申他)가 이렇게 물었다.

"자네는 흑란을 지극히 원망하고 있지만 흑란은 그대를 너무나 쉽게 보고 있네. 장차 어떻게 하려는가?"

내단이 눈물을 흘리면서 말했다.

"자네가 내게 방법을 좀 알려주게."

신타가 말했다.

"위나라 공주(孔周)에게는 그의 조상이 은나라 천자에게 얻은 보검이 있는데, 동자 하나가 그것을 차고 있어도 삼군의 병사를 물리칠 수 있다고 하더군. 그것을 빌리면 어떻겠는가?"

그래서 내단은 공주를 만나러 위나라로 갔다. 그는 노복으로서의 예를 갖춰 먼저 자신의 처자를 인질로 바쳤다. 그러고 나서 자신이 무엇을 바라는지 털어놓았다. 공주가 허락했다.

"내게는 칼 세 개가 있으니 그대가 선택하게. 그러나 그중 어떤 것도 사람을 죽일 수는 없다네. 먼저 그 모양을 말해주겠네. 하나는 함광(含光)이라는 것으로, 보려고 해도 보이지 않고 지니고 다녀도 가지고 있다는 사실을 모르네. 물체에 닿아도 아무런 감촉이 없으며, 몸을 베고 지나가도 감각이 없네.

둘째는 승영(承影)일세. 날이 밝아오는 이른 새벽이나 해가 저무는 저녁 무렵에 북쪽을 향해 들고 살펴보면 어렴풋이 어떤 물건이 있는 것처럼 느껴지지만 형체는 보이지 않네. 물체에 닿으면 가늘게 소리가 나는데, 몸을 베고 지나가도 아픔을 느끼지 못하네.

셋째는 소련(宵練)이네. 한낮에는 그림자만 보일 뿐 빛은 보이지 않으며, 한밤중이면 빛만 보일 뿐 형체는 보이지 않네. 몸에 닿으면 소리가 나면서 갈라졌다가 칼이 지나가는 대로 다시 합쳐지며, 아픔은 느껴지지만 칼날에 피가 묻지 않는다네.

이 세 가지 보물은 13대를 전해 내려온 것이네. 그러나 한 번도 써본 적 없이 상자에 넣어 보관해왔고, 아직까지 열어본 적도 없네."

내단이 말했다.

"그렇다면 맨 나중의 것을 꼭 빌려주셨으면 합니다."

공주는 그의 처자들을 돌려보내고 내단과 함께 이레 동안 재계했다. 그런 다음 늦은 저녁 무렵에 무릎을 꿇고 앉아 세 번째 칼을 내주었다. 내단은 두 번 절하고 그것을 받아 집으로 돌아왔다.

내단은 마침내 칼을 잡고 흑란의 뒤를 쫓았다.

당시 흑란은 술에 취해 창 아래 누워 있었다. 내단은 칼을 들어 흑란의 몸을 목에서 허리까지 세 동강으로 잘랐다. 그래도 흑란은 이를 알아차리지 못했다. 내단은 흑란이 죽었다고 여겨 황급히 자리를 떴다. 마침 문에서 흑란의 아들과 맞닥뜨린 내단은 다시 칼을 세 번 휘둘렀다. 그런데 마치 허공을 자르는 듯했다. 그러자 흑란의 아들이 웃으면서 이렇게 말했다.

"네놈은 어찌해서 바보같이 내게 세 번이나 손짓을 하느냐?"

그제야 내단은 그 칼로는 사람을 죽일 수 없다는 사실을 깨닫고 탄식하면서 돌아왔다. 그런데 술에서 깨어난 흑란이 아내에게 화를 내며 이렇게 말했다.

"술에 취했을 때 몸을 덮어주지 않고 버려둬서 목과 허리에 병이 났네!"

그의 아들이 말했다.

"방금 전에 내단이 왔다 갔습니다. 문간에서 저를 만났는데, 제게 세 번 손을 휘둘렀습니다. 저도 몸이 아프고 사지가 굳어옵니다. 혹시 어떤 도술을 쓴 것일지 모릅니다!"

세상에 있을 법한 이야기

◆◆

주나라 목왕이 많은 군사를 거느리고 서쪽 이민족 서융 정벌에 나섰
을 때였다.

서융은 자신들의 보물 중에서 곤오(錕鋙)라는 검과 화완포(火浣布)를
바치며 복종했다.

곤오는 길이가 한 자 여덟 치이며, 강철을 연마해 만든 붉은 칼날이
달려 있었다. 곤오로 옥을 자르면 마치 진흙을 자르는 것 같았다.

한편 화완포는 반드시 불에 던져 넣어야 세탁이 되는 신기한 옷감이
었다. 본래 불꽃 색깔이지만 때가 묻으면 베옷 색으로 변했다. 불에 세
탁한 다음 꺼내어 털면 눈과 같이 새하얘졌다.

뒷사람 황자(皇子)가 소문을 듣고 세상에 그런 물건이란 있을 수 없으
며, 그렇게 전해지는 얘기가 허황되다고 생각했다. 그러자 소숙(蕭叔)이
라는 사람은 이렇게 말했다.

"황자는 그러한 일이 있을 수 없다고 자신하지만, 세상에 그러한 일이 있을 수 있다는 이치에 어두운 사람입니다!"

제6편

능력은 운명이다

역명 · 力命

6편을 읽기 전에

◆ ◆

역(力)은 인간의 힘으로 해낼 수 있는 능력을 말하고, 명(命)은 인간이 통제할 수 없는 천명을 말한다. 열자가 말하는 천명은 사람의 힘으로 움직일 수 없는 자연의 질서나 섭리를 뜻하는 것이다. 어떤 상황이나 일에 대해 주어진 대로 체념하고 사는 것이 아니라, 자연의 질서와 섭리에 순응하며, 운명을 자연스럽고 즐겁게 받아들이라는 의미이다. 이 편은 열자의 자연관과 인생관에 대한 내용을 담았다.

自然者默之成之

자연이란 묵묵히 이루어진다

힘이 명에게 묻다

◆ ◆

힘이라는 것이 명에게 말했다.

"그대의 공로가 어찌 나와 같을 수 있겠소?"

명이 반박했다.

"그대는 사물에 대해 어떤 공로가 있다고 나와 비교하려 드는 것이오?"

힘이 말했다.

"장수와 요절, 곤궁과 현달, 존귀와 비천, 빈곤과 부유함 등의 차이는 바로 나 힘이 있어서 생겨나는 법이오."

명이 말했다.

"팽조(彭祖)는 지혜가 요순보다 뛰어나지 않았는데도 8백 살이나 살았고, 안연은 재능이 보통 사람들의 아래가 아니었지만 32세까지밖에 살지 못했으며, 공자는 덕이 여러 제후들보다 못하지 않았는데도 진나라와 채나라 사이에서 곤경에 빠졌소. 그런가 하면 은나라 주왕은 행실이 신하들보다 못했지만 임금 자리에 있었으며, 계찰(季札) 같은 현인은 오나라에선 벼슬도 하지 못했고, 전항(田恒)은 제멋대로 했으면서도 제나라를 차지했소. 백이와 숙제 같은 청렴한 이들은 수양산에서 굶어 죽었고, 계씨는 그렇게 못된 짓만 했어도 전금(展禽)보다 부유했소. 만약에 힘이라는 것으로 이룰 수 있는 일이라면, 어찌하여 재주 없는 자는 오래 살고 재능 있는 자가 도리어 일찍 죽으며, 성인이라면서 궁지에 몰리고 올바른 길을 거스르는 자가 출세하며, 현명한 사람이 천대받고 어리석은 자가 귀해지며, 착한 자는 가난을 벗어나지 못하고 악한 자는 부유하게 되는 것이오?"

힘이 말했다.

"만약 그대의 말대로라면 나는 애초 사물에 아무런 공로도 없는 것이로군. 그렇다면 세상의 사물이 그와 같이 되도록 그대가 조종한 것이오?"

명이 말했다.

"이미 명이라 부르는 마당에 어찌 그것을 조종하는 자가 있겠소? 나는 곧은 것은 그대로 밀고 나가고 굽은 것은 그대로 맡겨둘 뿐이라오. 모든 사람과 사물은 스스로 오래 살고 스스로 일찍 죽으며, 스스로 곤궁해지고 스스로 현달하며, 스스로 귀해지고 스스로 천해지며, 스스로 부유해지고 스스로 가난해지는 것이오. 내가 어찌 그것을 알 수 있겠소? 내가 어찌 그것을 알 수 있겠소?"

모두 하늘이 이루는 것이다

◆◆

북궁자(北宮子)가 서문자(西門子)에게 말했다.

"나는 그대와 같은 세상을 살고 있는데도 사람들은 그대를 현달케 했고, 다 비슷한 집안이지만 사람들은 그대를 공경하오. 외모에 별 차이가 없지만 사람들은 그대를 좋아하고, 말솜씨가 비슷하지만 사람들은 그대의 말만 따르며, 행동에 별 차이가 없지만 사람들은 그대를 성실하다고 여기오. 같은 벼슬살이를 해도 사람들은 그대를 귀하게 여기며, 같은 농사를 지어도 사람들은 그대를 후하게 대하고, 같은 장사를 해도 사람들은 그대의 이익을 불려주오.

나는 거친 옷을 입고, 거친 음식을 먹으며, 쑥대로 지은 허름한 집에 살며, 수레 없이 걸어 다니오. 그에 비해 그대는 수를 놓은 비단옷을 입고, 쌀밥에 고기반찬을 먹으며, 사는 집은 대궐 같고, 말 네 필이 끄는 좋은 수레를 타고 다니오. 집에 있을 때는 즐겁게 웃으면서 나 같은 사람은 거들떠보지도 않고, 조정에서는 멋대로 말하면서 나를 경시하는 듯 오만한 빛을 띠고 있소. 나를 초대해 안부를 묻지 않고, 함께 놀러 가지 않은 지도 벌써 여러 해 되었소. 그대의 눈으로 보기에 과연 그대는 덕이 나보다 뛰어나다고 생각하오?"

서문자가 대답했다.

"나도 잘 알지 못하겠소. 하지만 그대는 하는 일마다 잘 풀리지 않고 나는 일을 벌였다 하면 뜻대로 되니 이것은 덕에 차이가 있다는 증거 아니겠소? 그런데도 그대는 자꾸 모든 것이 나와 같다고 하니 너무 뻔뻔한 게 아니오?"

북궁자는 아무런 대꾸도 하지 못하고 혼자 낙담해서 돌아섰다. 그런데 중도에 동곽 선생을 만나게 되었다. 동곽 선생이 이를 보고 물었다.

"어디 갔다 오는 길이오? 왜 그렇게 부끄러움 가득한 얼굴로 혼자 힘없이 걷고 있소?"

북궁자는 사실을 털어놓았다. 그러자 동곽 선생은 이렇게 제의했다.

"내가 당신의 부끄러움을 해결해주겠소. 나와 함께 서문씨에게 가서 따져봅시다."

그러고는 서문자에게 가서 물었다.

"그대는 북궁자에게 어찌 이렇게 심한 모욕을 주었소? 사실을 말해보시오!"

"북궁자가 말하는 바는 이렇소. 시대, 가족, 나이, 외모, 말솜씨, 일처리 등이 모두 같은데 귀천과 빈부가 왜 다르냐는 것이오. 나는 이렇게 말했소. '나도 이유를 잘 모르겠소. 다만 그대는 하는 일마다 잘 풀리지 않고 나는 일을 벌였다 하면 뜻대로 되니 이것은 덕에 차이가 있다는 증거 아니겠소? 그런데도 그대는 자꾸 모든 것이 나와 같다고 하니 너무 뻔뻔한 게 아니오?'"

동곽 선생이 말했다.

"그대가 말하는 덕의 차이는 재능과 인덕을 가리키지만, 내가 보는 덕의 차이는 그와 다르오. 북궁자는 덕이 두텁지만 명은 엷소. 그대는 반대로 명이 두텁지만 덕은 엷소. 그대가 지혜로워서 현달한 게 아니며, 북궁자가 어리석어서 궁해진 것도 아니오. 모두 하늘이 이루는 것이지, 사람의 힘으로 이룰 수 있는 게 아니오. 그런데도 그대는 명이 두텁다는 것을 자랑으로 삼고 있고 북궁자는 덕이 두터운데도 오히려 부끄러워하고 있소. 모두 본래 이치를 모르고 있기 때문이오."

서문자가 말했다.

"그만하십시오! 저는 더 할 말이 없습니다."

북궁자는 돌아온 뒤로 거친 옷을 입어도 여우나 담비 가죽으로 만든 옷을 입은 듯이 따뜻하다고 느꼈고, 거친 음식을 먹어도 쌀밥처럼 맛좋은 음식을 먹는 듯했고, 쑥대로 엮은 허름한 집에 살아도 넓은 대궐에 사는 것 같았다. 대나무로 엮은 낡은 수레를 타도 화려하게 장식한 수레를 타는 듯이 편안했다. 그리고 평생토록 만족하며, 영예나 치욕이 저편에 있고 자신은 이편에 있다고 여겼다. 동곽 선생이 이 소문을 듣고 이렇게 말했다.

"북궁자는 오랫동안 영욕의 세상에 잠들어 있었다. 그런데 말 한마디에 그만 홀쩍 깨어났구나. 어찌 그리 쉽게 깨우친단 말인가!"

하늘의 순리는 사람이 결정할 수 없다

◆◆

관중과 포숙아 두 사람은 아주 절친한 친구 사이였다. 함께 제나라에 살았는데 관중은 공자 규(糾)를 섬겼고 포숙아는 공자 소백(小白)을 모셨다.

당시 제나라 왕실에서는 임금의 총애를 받는 왕자가 너무 많아 위계가 아직 서지 않았고, 적자와 서자들이 구분 없이 함께 다녔다. 그래서 모두들 나라가 어지러워질까 봐 두려워했다.

관중은 소홀(召忽)과 함께 공자 규를 모시고 노나라로 도망하고, 포숙아는 공자 소백을 모시고 거나라로 몸을 피했다. 그 뒤 과연 공손무지(公孫無知)가 반란을 일으켜 제나라에는 임금 자리가 비게 되었다. 두 공자는 먼저 제나라로 들어가려고 다투었다. 관중과 소백이 거나라에서 싸웠는데, 관중이 길에 숨어 있다가 활을 쏘아 소백의 허리띠에 달린 쇠붙이를 맞추었다. 소백은 거짓으로 죽은 체하고 궁궐에 먼저 도착했고,

결국 왕위를 차지했다.

소백은 제나라 임금 자리에 오른 다음 노나라를 협박해 공자 규를 죽이도록 했다. 이때 소홀도 죽었고 관중은 사로잡혀 갇히는 신세가 되었다. 그러자 포숙아가 제나라 환공이 된 소백에게 말했다.

"관중은 나라 하나를 다스릴 만한 능력을 가지고 있습니다."

환공이 말했다.

"나를 죽이고자 한 원수요. 반드시 죽여 없애야겠소."

포숙아가 말했다.

"현명한 임금에게는 사사로운 원한이 없어야 한다고 합니다. 또 어떤 한 사람이 자신이 모시는 사람을 위해 죽을힘을 다했다면 그런 사람은 다른 사람을 위해서도 그렇게 할 수 있습니다. 만약 패왕이 되고자 하신다면 관중의 힘을 빌리지 않을 수 없습니다. 반드시 그를 석방하고 등용하셔야 합니다."

이에 환공은 관중을 노나라에서 제나라로 돌아오게 했다. 포숙아는 교외까지 나가서 그를 맞이했다. 환공은 관중을 제나라의 귀족 대신인 고씨와 국씨 같은 세족보다 높은 지위에 앉혔다. 포숙아 자신은 스스로 그의 아래 있었다. 환공은 관중에게 나라의 정사를 맡기고 중보라는 호를 붙여 주었다. 그 뒤 환공은 마침내 패업을 이루게 되었다.

성공한 관중은 일찍이 이렇게 탄식했다.

"젊어서 내가 곤궁하게 지낼 때 포숙아와 함께 장사를 한 적이 있다. 이익을 나눌 때 내가 더 많이 차지했어도 포숙아는 나를 탐욕스럽다고 여기지 않았다. 내가 가난하다는 것을 알았기 때문이다.

또 내가 일찍이 포숙아를 위한답시고 일을 꾸몄다가 크게 곤란해진 적이 있다. 그래도 포숙아는 나를 어리석은 자라 여기지 않았다. 이로울 때도 있고 불리할 때도 있다는 사실을 알았기 때문이다.

또 나는 세 번 벼슬하면서 세 번 모두 임금에게 쫓겨난 적이 있다. 그때 포숙아는 나를 무능한 자라 여기지 않았다. 내가 때를 만나지 못했다는 사실을 알았기 때문이다.

그런가 하면 나는 세 번 전투에 나가 세 번 모두 도망쳤다. 그래도 포숙아는 나를 비겁한 놈이라고 여기지 않았다. 내게 늙은 어머니가 있다는 사실을 알았기 때문이다.

공자 규가 실패했을 때 소홀은 따라 죽었지만 나는 사로잡혀 갇히는 치욕을 당했다. 그래도 포숙아는 나를 부끄러움도 모르는 자라고 여기지 않았다. 내가 조그만 절조를 지키지 않는 데 부끄러움을 느끼기보다는 이름이 천하에 드러나지 않는 것을 치욕으로 여긴다는 사실을 알았기 때문이다. 나를 낳아준 이는 부모지만, 나를 알아준 자는 포숙이다."

관중과 포숙아의 우정이나 소백이 능력 있는 사람을 잘 등용했다는 이야기는 세상에 널리 알려져 있다. 그러나 실은 훌륭한 우정도 없거니와 능력 있는 사람을 쓴 일도 없다. 훌륭한 우정도 능력 있는 사람을 쓴 일도 없었다는 것은, 그들보다 더 훌륭한 우정이 있었다거나 그들보다 인재 등용에 더 뛰어난 사람이 있었다는 뜻이 아니다. 소홀은 죽고 싶어 죽은 것이 아니라 죽지 않을 수 없었으며, 포숙아는 현명한 사람을 잘 추천한 것이 아니라 그를 추천하지 않을 수 없었다. 마찬가지로 소백은 원수를 잘 등용한 것이 아니라 등용하지 않을 수 없었던 것이다.

♦♦

관중이 병들어 죽을 때가 되자 소백이 찾아가 물었다.

"중보께서는 병이 심하시니 거리낌 없이 말씀해주시오. 누구에게 나
라를 맡겨야 하겠소?"

관중이 말했다.

"임금의 뜻은 어떠십니까?"

소백이 말했다.

"포숙아라면 될 것이오."

관중이 말했다.

"안 됩니다. 포숙아는 사람됨이 청렴결백한 훌륭한 선비입니다. 그러
나 자기보다 못한 사람은 사람으로 여기지도 않습니다. 그는 남의 잘못
을 한 번 들으면 평생 잊지 않는 성격입니다. 그에게 나라를 맡기면 위
로는 임금을 제압할 것이요, 아래로는 백성의 뜻을 거스를 것입니다. 아
마 임금께 죄를 지어 오래 버티지 못할 것입니다."

소백이 말했다.

"그렇다면 누가 좋겠습니까?"

관중이 대답했다.

"어쩔 수 없다면 습붕이 좋겠습니다. 그의 사람됨은 윗자리에 있으면
서도 자신을 잊으니 아래에 있는 백성이 그를 배반하지 않을 것입니다.
그는 황제와 같은 훌륭한 정치를 베풀지 못함이 부끄러운 일인 줄 알기
때문에 자기보다 못한 사람들을 불쌍히 여길 것입니다. 남에게 덕으로
써 나누어주는 사람을 성인이라 하고 재물로 베푸는 사람을 현인이라

일컫습니다. 현명하다고 해서 사람들을 다 얻는 것이 아닙니다. 현명하되 남에게 숙일 줄 알면 사람들의 마음을 얻지 못하는 경우가 없습니다. 그는 나랏일을 할 때 모든 것을 들어서 알려 하지 않고, 집안일을 할 때 모든 것을 보고 살피려 하지 않습니다. 그러니 어쩔 수 없다면 습붕 정도면 됩니다."

그렇다면 관중은 포숙아를 낮추어 본 것이 아니라 낮추어 보지 않을 수 없었으며, 습붕을 높이 본 것이 아니라 높이 보지 않을 수 없었던 것이다. 어떤 사람은 처음에는 높이 보았다가 나중에는 낮추어 보기도 한다. 처음에는 낮추어 보다가 나중에는 높이 보기도 한다. 높이 보거나 낮추어 보게 되는 까닭은 하늘의 순리이지 사람의 힘으로 그렇게 되는 것이 아니다.

그럴 수밖에 없다

◆◆

등석(鄧析)은 양편 모두 좋다는 애매모호한 설을 주장하면서 끊임없
는 궤변만 늘어놓았다. 당시 정나라에서는 자산이 정사를 맡고 있었다.
자산은 죽간에 형법을 적은 『죽형』이라는 것을 만들어 정나라에서 사용
하도록 했다. 등석은 그러한 자산의 정치를 자주 비난했다. 자산은 그에
게 굴복할 수밖에 없었다.

그러다 등석이 죄를 지어 잡혀 들어오게 되었다. 자산은 곧 『죽형』에
적힌 규정대로 그에게 벌을 주었으며 얼마 뒤 그를 처형하고 말았다.

이렇게 보면 자산은 『죽형』을 잘 사용한 것이 아니라 사용하지 않을
수 없었으며, 등석은 자산을 잘 굴복시킨 것이 아니라 굴복할 수밖에 없
도록 한 것이며, 자산은 등석을 잘 처형한 것이 아니라 처형하지 않을
수 없었던 셈이다.

자연의 도는 말이 없다

◆◆

살고 싶어 하는 자가 살아 있다는 것은 하늘이 내린 복이다. 죽는 편이 낫다고 하는 자가 죽는 것도 하늘이 내린 복이다. 살고 싶어도 살지 못하는 것은 하늘이 내린 벌이다. 죽는 것이 낫다고 하는데도 죽지 못하는 것은 하늘이 내리는 벌이다. 살고 싶기도 하고 죽고 싶기도 한데, 사는 이도 있고 죽는 이도 있다. 살아서는 안 되는데 살아 있고 죽어서는 안 되는데 죽는 사람이 있다. 그러나 살고 싶어 하는 자를 살아 있게 하고, 죽고 싶어 하는 자를 죽게 하는 것은 외부의 어떤 사물도 아니며 나 자신도 아니다. 모두가 운명이며, 사람의 지혜로는 어찌할 수 없는 일이다. 그러므로 속담에 "아득히 멀어 끝이 없지만 천도는 스스로 회통하고, 막연해서 구분이 없지만 천도는 스스로 움직인다"라고 했다. 천지도 그것을 범할 수 없고, 성인의 지혜로도 그것을 간섭할 수 없으며, 귀신이나 도깨비도 이를 속일 수 없는 것이다. 자연이란 묵묵히 이루어진다. 말없이 공평해지고 안정되며, 말없이 보내고 맞이하는 것이다.

병을 대하는 자세

♦♦

양주의 친구 중에 계량(季梁)이란 사람이 있었다. 계량은 병이 난 지 이레 만에 병세가 크게 악화되었다. 그의 자녀들이 아버지 곁에 둘러 앉아 울면서 의사를 불러 병을 보자고 청했다. 그러자 계량이 자신을 찾아온 양주에게 이렇게 말했다.

"내 자식들이 이처럼 불초하네. 자네가 노래를 불러 좀 깨우쳐주게나."

이에 양주가 노래를 불렀다.

"하늘도 이 병을 알지 못하거늘 사람이 어찌 그것을 알아낼 수 있으리오? 행복은 하늘에서 내려오는 것이 아니며, 불행이라는 것도 사람이 만드는 것이 아님을 우리 모두 알고 있네. 어찌 의사나 무당이 안단 말인가?"

계량의 자녀들은 노래의 뜻을 깨닫지 못하고 결국 의사 세 사람을 불러왔다. 세 사람은 교씨, 유씨, 노씨였다. 그의 병을 진찰한 교씨가 계량에게 말했다.

"몸 안의 한기와 열기가 조화롭지 않고 기의 허와 실이 절도를 잃었소. 이 병은 규칙적으로 식사하지 않고, 색욕과 고민, 번잡한 생각이 지나쳐 생긴 것이오. 하늘 탓도 아니며, 귀신의 짓도 아니오. 비록 심하기는 하지만 고칠 수는 있소."

의사의 진단을 들은 계량이 말했다.

"못난 의사구나. 어서 내보내거라!"

다음으로 유씨가 진찰했다.

"당신은 어머니 뱃속에 있을 때 태기가 부족했고 태어난 뒤에 젖을 충분히 먹지 못했소. 이 병은 하루아침에 생긴 것이 아니오. 유래가 오래되었으니 고칠 수 없소."

계량이 말했다.

"훌륭한 의사로다. 모셔다 식사를 대접해라!"

마지막으로 노씨가 말했다.

"이 병은 하늘에서 얻은 것도 아니고 사람이 만든 것도 아니며, 더구나 귀신 때문에 생긴 것도 아니오. 당신이 생명을 받고 몸의 형체를 지녔을 때부터 이미 당신의 명을 통제하는 것이 있고, 또한 그 명을 알고 있는 것이 있소. 그러니 약이나 침을 쓴다고 해서 무슨 도움이 되겠소?"

계량이 말했다.

"이분이야말로 신의(神醫)로다. 후하게 사례하거라."

얼마 뒤 계량의 병은 저절로 나았다.

하늘의 뜻은 헤아릴 수 없다

◆◆

삶을 소중히 여긴다고 해서 죽지 않고 계속 살 수 있는 것이 아니며, 몸을 아긴다고 해서 건강해지는 것이 아니다. 삶을 천하게 대한다고 해서 일찍 죽는 것도 아니며, 몸을 가벼이 여긴다고 해서 약해지는 것이 아니다. 그러므로 그것을 귀중히 여겨도 살지 못하고 그것을 천대해도 죽지 않는다. 그것을 사랑해도 건강해지지 않으며, 그것을 가벼이 여겨도 약해지지 않는다. 이것은 이치에 반대되는 것 같지만 실은 반대되지 않는다. 그것은 저절로 살고 저절로 죽는 것이며, 저절로 건강해지고 저절로 약해지는 것이다. 혹은 그것을 귀중히 여겨서 살고, 혹은 그것을 천대해서 죽으며, 혹은 그것을 사랑해서 건강해지고, 혹은 그것을 가벼이 여겨 약해지기도 한다. 이것은 원리로 보아 순리에 맞는 듯하지만 실은 순리에 맞지 않다. 저절로 살고 저절로 죽으며, 저절로 건강해지고 저절로 약해지는 것뿐이다.

육웅(鬻熊)이 문왕에게 말했다.

"스스로 오래 살 수 있는 것이지 남이 목숨을 보태어줄 수 있는 것이 아니며, 스스로 명이 짧은 것이지 누가 덜어낼 수 있는 것이 아닙니다. 사람의 셈으로 어찌할 수 있는 것이 아닙니다."

그런가 하면 노자는 관윤에게 말했다.

"하늘이 미워하는 일에 어떤 까닭이 있는지 누가 알겠습니까?"

하늘의 뜻에 영합해서 무엇이 이익이고 무엇이 손해인지 헤아려야 한다고 말하지만, 그런 짓은 하지 않느니만 못하다.

사람은 왜 저마다 다를까

◆◆

양주의 동생 양포(楊布)가 형에게 물었다.

"여기 두 사람이 있는데, 태어난 날도 같고 말씨도 형제 같으며, 재주도 형제 같고 모습도 형제 같습니다. 그런데 그들의 수명은 아버지와 아들처럼 차이가 있으며, 귀천이나 명예, 남에게 받는 애증도 아버지와 아들처럼 큰 차이가 있습니다. 왜 그런지 저는 이해하기 어렵습니다."

양주가 설명했다.

"옛사람의 말 가운데 지금도 기억하고 있는 것이 있다. 이것을 말해 주겠다.

왜 그렇게 되는지 모르면서도 그렇게 되는 것은 천명이다. 지금 모든 것이 모호하고 혼란스러운데, 그 속에서 할 수 있는 일이 있고 할 수 없는 일이 있다. 날이 가고 또 날이 오는 이치를 누가 알겠느냐? 모두가 천명인 것이다. 따라서 천명을 믿는 자에게는 수명의 길고 짧음이 상관이 없고, 자연의 이치를 믿는 사람에게는 옳고 그름의 분별이라는 것이 필요 없다. 마음을 믿는 자에게는 괴롭다는 생각도 순탄하다는 생각도 없으며, 본성을 믿는 자에게는 편안하다는 생각도 위태롭다는 생각도 없다. 이를 일러 믿을 것도 없지만 믿지 않을 것도 없다고 말한다. 이것이 진리이자 진실이니, 무엇을 버리고 무엇을 취할 것인가? 무엇을 슬퍼하고 무엇을 즐거워할 것인가? 무엇을 하고 무엇을 하지 않을 것인가?

『황제서』에 이렇게 쓰여 있다.

'지극한 사람은 평소에는 죽은 자 같고 행동할 때는 기계와 같다.' 왜 앉는지 알지 못하고 왜 앉지 않는지 알지 못한다. 왜 행동하는지 알지 못하고 왜 행동하지 않는지 알지 못한다. 여러 사람들이 지켜본다고 해서 감정과 표정을 바꾸지 않으며, 여러 사람들이 보지 않는다고 해서 감정과 표정을 바꾸지도 않는다. 홀로 갔다 홀로 오며, 홀로 나갔다가 홀로 들어오는데, 누가 그를 막을 수 있겠는가?"

스스로의 도를 따를 뿐이다

◆◆

미치(墨尿), 전질(單至), 천훤(嘽咺), 별부(憋悆) 네 사람은 서로 어울려 세상에 노닐면서도 각자 자신의 뜻대로만 따라, 몇 해가 지나도록 남의 사정을 알려들지 않았다. 누구나 자신의 지혜가 가장 깊다고 여겼기 때문이다.

교녕(巧佞), 우직(愚直), 안작(婵斫), 편벽(便辟) 네 사람은 서로 어울려 세상에 노닐면서도 각자 자신의 뜻대로만 따라, 몇 해가 지나도록 서로 자신의 도술을 털어놓지 않았다. 누구나 자신의 기교가 가장 미묘하다고 여겼기 때문이다.

교가(狡犴), 정로(情露), 건극(謇極), 능수(凌誶) 네 사람은 서로 어울려 세상에 노닐면서도 각자 자신의 뜻대로만 따라, 몇 해가 지나도록 서로를 깨닫지 못했다. 누구나 자신만이 재능을 터득하고 있다고 여겼기 때문이다.

면전(眠姃), 추위(誰諉), 용감(勇敢), 겁의(怯疑) 네 사람은 서로 어울려 세상에 노닐면서도 각자 자신의 뜻대로만 따라, 몇 해가 지나도록 서로의 잘못을 지적해주는 경우가 없었다. 누구나 자신의 행동에 가장 어긋남이 없다고 여겼기 때문이다.

다우(多偶), 자전(自專), 승권(乘權), 척립(隻立) 네 사람은 서로 어울려 세상에 노닐면서도 각자 자신의 뜻대로만 따라, 몇 해가 지나도록 서로를 돌봐주는 일이 없었다. 누구나 자신이 가장 시의에 적합하게 산다고 여겼기 때문이다.

사람들은 이처럼 성격과 기질이 서로 다르고, 모습이 하나같을 수 없다. 각자의 자연스러운 도에 근거해 천명으로 복귀할 따름이다.

세상만사는 저절로 사라진다

＊＊

　곧 이루어질 것은 다 이루어진 것 같지만 사실은 아무것도 이루어진 것이 없다. 곧 실패할 것도 실패한 것 같지만 사실은 실패한 것이 아니다. 미혹됨은 비슷한 것에서 생겨난다. 이처럼 비슷한 것들의 한계는 애매하다. 비슷한 것들이 애매하지 않다면 밖으로부터 다가오는 재앙에도 놀라지 않을 것이며, 안에서 생기는 복이라 해도 즐거워하지 않을 것이다. 때에 따라 움직이고 때에 따라 멎는 것이니, 아무리 지혜로운 자라 할지라도 알 수 없다. 운명을 믿는 자는 성공과 실패에 대해 서로 다른 마음을 품지 않는다. 성공과 실패에 대해 두 가지 마음이 있는 사람은 눈과 귀를 막고 사느니만 못하다. 절벽을 등지고 구덩이를 마주하고 산다 해도 절벽에서 떨어지거나 구덩이에 엎어지는 것은 아니다. 그 때문에 "죽고 사는 것은 스스로의 명이요, 가난과 곤궁은 각자의 시운"이라 한 것이다.

따라서 요절을 원망한다면 명을 알지 못하는 사람이요, 가난과 곤궁을 원망한다면 시운을 알지 못하는 사람이다. 죽음도 두려워하지 않고 궁함에 처해도 괴로워하지 않는다면 명을 알고 시운에 만족하는 사람이다.

지혜가 많은 사람에게 이해를 따지고 허실을 헤아리며 인정을 계산하도록 한다 해도, 얻는 것이 절반이며 잃는 것도 절반일 것이다. 또 지혜가 적은 사람에게 이해를 따지거나 허실을 헤아리거나 인정을 계산하지 말라고 해도, 얻는 것이 절반이며 잃는 것이 절반일 것이다.

따지고 헤아리고 계산한다고 해서 무엇이 어떻게 다른가? 따질 것도 없고 헤아릴 것도 없으면 완전해서 잃는 것도 사라질 것이다. 또한 완전함이라는 것도 알 수 있는 것이 아니며, 잃음이라는 것도 알 수 있는 것이 아니다. 세상 모든 것은 저절로 완전해지고 저절로 없어지며 저절로 사라진다.

순리를 따르지 않는 이들의 어리석음

◆◆

제나라 경공(景公)이 우산(牛山)에 놀러 갔다가 북쪽으로 자신의 영토를 바라보며 눈물을 흘렸다.

"아름답구나, 내 나라여! 울창하고 무성하구나. 어찌 이런 나라를 두고 어느 날 죽어 사라져야만 하는가? 만약 예로부터 죽음이라는 것이 없었다면 과인은 이 영화를 영원히 누릴 수 있을 텐데. 어찌 이대로 떠나야 한단 말인가?"

그러자 곁에 있던 신하 사공(史孔)과 양구거(梁丘據)도 모두 경공을 따라 울었다.

"저희들은 임금께서 내려주신 은혜 덕분에 거친 밥과 시원찮은 고기일망정 먹을 수 있으며, 둔한 말이나 작은 수레일지라도 타고 다니고 있습니다. 그런데도 죽지 않고 싶거늘 하물며 임금께서야 오죽하시겠습니까?"

그런데 안자만은 곁에서 홀로 웃고 있었다. 경공은 눈물을 닦고 안자를 돌아보며 물었다.

"과인이 오늘 유람을 하면서 슬픔을 느끼니 사공과 양구거가 모두 과인을 따라 울었는데 그대만 홀로 웃고 있으니 어찌 된 일이오?"

안자는 이렇게 대답했다.

"만약 어진 군주에게 영원히 살면서 이 나라를 지키게 했다면, 옛날 이 나라의 훌륭한 임금이셨던 태공이나 환공이 지금도 이 나라를 지키고 계실 것입니다. 또 용기 있는 군주에게 영원히 살아서 이 나라를 다스리도록 했다면, 용맹으로 이름을 떨쳤던 선대 임금이신 장공과 영공께서 지금도 이 나라를 다스리고 계실 것입니다. 이런 임금들이 이 나라를 지키고 있었다면 지금 임금께서는 도롱이를 입고 삿갓을 쓴 채 밭두둑 가운데서 힘들게 일하고 있을 텐데 죽음을 염려할 겨를이 어디 있겠습니까? 차례대로 임금 자리에 오르고 번갈아 그 자리를 떠나게 되어 있기 때문에 임금께 차례가 돌아온 것입니다. 그런데도 그 때문에 눈물을 흘리고 있으니 이는 어질지 못한 행동입니다. 저는 어질지 못한 임금을 보고, 또 아첨하는 신하들을 보았습니다. 그래서 홀로 몰래 웃었던 것입니다."

경공은 부끄러워하면서 술잔을 들어 스스로 벌주로 삼았고, 두 신하들에게도 각각 두 잔씩 벌주를 내렸다.

왜 죽음을 슬퍼해야 하는가

◆◆

위나라 사람 동문오(東門吳)는 자식이 죽었는데도 애통해하지 않았다. 하인이 물었다.

"선생님은 아드님을 세상에 둘도 없는 귀한 보배처럼 사랑하셨습니다. 그런 아드님이 죽었는데도 애통해하지 않으니 어찌 된 일입니까?"

동문오는 이렇게 말했다.

"나는 애초에 자식이 없었네. 자식이 없었을 때는 애통해할 일도 없었지. 지금 자식이 죽고 없어졌으니, 이는 지난날 자식이 없었을 때와 똑같은 상태가 아니겠는가? 그런데 내가 왜 애통해해야 한단 말인가?"

운명이다

◆◆

농사는 때에 맞추어야 하고 장사란 이익을 좇아야 하며, 공업이란 기술을 추구해야 하고 벼슬살이는 권세를 좇아야 한다. 이는 형세가 그렇게 만드는 것이다. 그런데 농사에는 홍수와 가뭄이 있고, 장사에는 이익과 손해가 있으며, 공업에는 성공과 실패가 있고, 벼슬살이에는 능력을 인정받거나 그렇지 못하게 되는 차이가 있다. 바로 운명이 그렇게 만드는 것이다.

제7편

양주는 이렇게 말했다

양주 · 楊朱

7편을 읽기 전에

◆ ◆

양주는 전국시대 위(魏)나라 사람으로, 양자라고
도 했다. 맹자는 양주가 '각자 자신만을 위한다'
는 위아설(爲我說)을 주장했다고 하면서, "터럭
하나 뽑아 온 천하가 이롭게 된다 하더라도 그렇
게 하지 않으리(拔一毛而利天下不爲)"라고 말한
양주의 철저한 이기주의를 비난했다. 하지만 다
른 측면에서 양주의 위아사상은 명분을 버리고
실리를 추구하는 것으로, 유가, 묵가, 도가에 큰
영향을 끼쳤다. 이 편은 『장자』 「달생편(達生篇)」
과 함께, 같은 이름인 '달생편'으로도 불린다.

萬物所異者生也, 所同者死也

만물에게 서로 다른 것은 삶이요, 서로 같은 것은 죽음이다

명예란 무엇인가

◆ ◆

양주가 노나라를 유람하다가 맹씨 집에 묵게 되었다. 맹씨가 물었다.

"사람으로 태어났으면 그만이지 어찌 명예를 좇는 것입니까?"

양주가 대답했다.

"명예를 얻어 부유해지기 위해서지요."

"이미 부유해졌는데도 그치지 못하는 까닭은 무엇입니까?"

"귀해지기 위해서지요."

"이미 귀해진 다음에도 그만두지 못하는 까닭은 무엇입니까?"

"죽은 다음을 위해서지요."

"이미 죽었는데 무엇을 위해서 그렇게 하는 것입니까?"

"자손들을 위해서지요."

"명예가 자손들에게 무슨 이익이 됩니까?"

양주가 이렇게 설명했다.

"명예를 얻으려면 몸을 괴롭히고 마음을 졸여야 합니다. 그 명예를 따라오는 혜택은 일족에게 미치고, 그 이익은 고을 사람들에게까지 퍼집니다. 하물며 자손들이야 더 말할 필요가 있겠습니까?"

맹씨가 말했다.

"무릇 명예를 좇는 사람은 반드시 청렴해야 하는데, 청렴하면 가난해집니다. 명예를 좇는 사람은 반드시 겸양할 줄 알아야 하는데, 겸양하면 빈천해집니다."

양주가 말했다.

"관중이 제나라의 재상이었을 때, 임금이 음탕하면 자신도 음탕해졌고, 임금이 사치하면 자신도 사치를 부렸습니다. 임금과 서로 뜻이 맞으니 의견이 잘 받아들여져서 정치가 순조롭게 행해졌고, 제나라는 패자가 되었습니다. 그러나 관중이 죽은 뒤에는 그저 평범한 관씨 성으로 이어졌을 뿐입니다.

한편 전씨가 제나라의 재상이었을 때, 임금이 사치스러우면 자신은 더욱 겸손히 굴어 검소하게 살았고, 임금이 백성에게 거두어들이면 자신은 베풀어주었습니다. 백성은 모두 전씨를 따랐습니다. 그 때문에 결국 제나라를 차지하게 되었고 자손들이 그것을 누려 지금까지도 끊이지 않고 왕 노릇을 하고 있습니다. 이처럼 진실한 명예는 가난해 보이고 거짓된 명예는 부유해 보이지요."

양주는 다시 이렇게 말했다.

"실질에는 명예가 없고, 명예에는 실질이 없지요. 명예란 거짓일 뿐입니다. 옛날 요순은 허유(許由)와 선권(善卷)에게 거짓으로 천하를 사양함으로써 천하를 잃지 않았고, 백 년에 이르는 권세를 누렸습니다. 백이와 숙제는 고죽국(孤竹國) 군주 자리를 두고 실제로 서로 사양하다가 끝내 나라를 잃고 수양산에서 굶어 죽었습니다. 실제와 거짓의 차이란 이처럼 명백합니다."

삶이란 잠시 머무는 일일 뿐

◆◆

양주가 이렇게 말했다.

"백 살이 수명의 한계이다. 백 살까지 사는 사람은 천 명 가운데 하나 정도도 나오기 어렵다. 여기 한 사람이 있다고 가정해보자. 어려서 부모 품에 안겨 있던 때와 늙어서 힘이 없을 때를 합하면 거의 일생의 반을 차지할 것이다. 또 밤에 잠을 자서 활동을 멈춘 시간과 낮에 깨어 있으면서도 헛되이 버리는 시간을 합하면 다시 그중 반을 차지할 것이다. 거기에 아프고 병들어 슬퍼하고 괴로워하며, 실의하고 근심한 시간을 헤아리면 다시 그중 반을 차지할 것이다. 이렇게 해서 남은 십수 년 중에서 스스로 만족하며 티끌만큼의 걱정도 없이 지내는 때는 얼마나 되겠는가. 한 시절에 지나지 않을 것이다.

그렇다면 사람이 살아가는 것은 무슨 까닭이겠는가? 어떤 즐거움이 있겠는가? 아름답고 좋은 것이라 해도 항상 누릴 수 있는 것이 아니며,

음악과 여색도 무시로 즐길 수 있는 것이 아니다. 게다가 형벌로 금하거나 상을 주며 권하기도 하는 세상일이 있으며, 명예와 법률에 따라 나아가기도 하고 물러서기도 한다. 황망히 한때의 헛된 영예를 두고 다투면서 죽은 뒤에 남을 영화를 도모한다. 우물쭈물하며 들을 만한 것만 가려서 듣고 볼 만한 것만 가려서 본다. 몸과 마음은 시비를 중시하고, 헛되이 가장 높은 경지의 즐거움을 잃어서, 스스로 자유로이 살지 못한다. 그렇다면 형틀에 매여 꼼짝 못하는 중벌을 받은 죄수와 무엇이 다르겠는가?

태곳적 사람들은 삶이란 그저 아주 잠깐이라는 것을 알았고 죽음이란 잠시 후 곧장 떠나는 것임을 알았다. 그 때문에 마음속에 하고 싶은 바를 그대로 행동으로 옮기면서 자연스럽게 좋아하는 바를 거스르지 않았고, 자신이 좋아하는 것을 구태여 버리려 하지 않았다. 그러므로 명예로 이를 권할 필요도 없었다. 그저 본성에 따라 노닐면서 만물이 좋아하는 바를 거스르지 않았고, 죽은 뒤의 명예를 취하려 들지 않았다. 그러므로 형벌로 억제할 필요도 없었다. 무엇이 더 명예로운지를 따지지 않았고, 혹은 수명의 길고 짧음조차 따지지 않았다."

지금 이 순간을 즐겨라

◆◆

양주가 말했다.

"만물에게 서로 다른 것은 삶이요, 서로 같은 것은 죽음이다. 살아서는 어질고 어리석음, 귀함과 천함이 있으니 이것이 서로 다른 것이다. 죽어서는 어느 것이나 썩어서 냄새나고 결국 소멸되니 이것이 서로 같은 것이다. 그렇다고 하지만 어질고 어리석음, 귀함과 천함은 사람의 능력으로 이루어지는 것이 아니며, 썩어서 냄새나고 소멸되는 것도 사람의 능력으로 되는 일이 아니다. 그러므로 삶도 살고자 하여 사는 것이 아니며 죽음도 죽고자 하여 죽는 것이 아니다. 현명함도 그렇게 하고자 해서 현명해지는 것이 아니고, 어리석음도 그렇게 하고자 해서 어리석어지는 것이 아니다. 귀함도 그렇게 하고자 해서 귀해지는 것이 아니며, 천함도 그렇게 하고자 해서 천해지는 것이 아니다. 그렇다면 만물은 똑같이 살고 똑같이 죽으며, 똑같이 현명하고 똑같이 어리석으며, 똑같이 귀하고 똑같이 천한 것이다.

　십 년을 살다가도 죽고 백 년을 살다가도 죽는다. 어진 이와 성인도 죽고 흉악한 자와 어리석은 자도 죽는다. 살아서는 요순 같은 훌륭한 임금일지라도 죽어서는 썩은 뼈가 되며, 살아서는 걸주 같은 못된 왕일지라도 죽어서는 썩은 뼈가 된다. 썩은 뼈는 매한가지인데 누가 그 차이를 알 수 있겠는가? 단지 살아 있는 순간 삶을 누리고 있음을 즐거워할 뿐, 죽은 뒤를 생각할 겨를이 어디 있겠는가?"

그것 또한 욕망이다

◆◆

양주가 말했다.

"백이는 욕망이 없었던 것이 아니다. 청렴이라는 욕망을 지나치게 과시해 굶어 죽는 데 이르렀던 것이다. 전계(展季)는 감정이 없었던 것이 아니다. 정절이라는 감정을 지나치게 과시해 후손이 끊어진 것이다. 청렴과 정절이 사람을 그르치는 정도가 이와 같다."

삶을 즐기는 자는 가난하지 않다

◆◆

양주가 말했다.

"원헌(原憲)은 노나라에서 가난에 찌들었지만, 자공은 위나라에서 재물을 늘렸다. 원헌의 가난함은 삶을 손상시켰고, 자공의 재산 증식은 몸을 망가뜨렸다."

다른 사람이 물었다.

"그렇다면 가난한 것도 좋지 않고 재물을 늘리는 것도 좋지 않다는 것이로군요. 그러면 어떻게 해야 좋습니까?"

양주는 이렇게 대답했다.

"가장 좋은 방법은 삶을 즐기고 몸을 편안히 하는 데 있다. 그러므로 삶을 즐기는 자는 가난하지 않고, 몸을 편안히 하는 자는 재물을 불리지 않는다."

생사의 도를 말하다

◆◆

양주가 말했다.

"옛말에 '살아서는 서로 불쌍히 여기고, 죽어서는 서로 버려야 한다'
라고 했다. 지극히 옳은 말이다. 서로 불쌍히 여기는 일은 오직 정으로
만 하는 것이 아니다. 부지런한 사람은 편안하게 해주고, 굶주리는 사람
은 배부르게 해주며, 헐벗은 사람은 따스하게 해주고, 곤궁한 사람은 순
조롭게 해주어야 한다. 서로 버리는 일이란 서로 슬퍼하지 않는 것만 가
지고는 안 된다. 죽은 이의 입에 비싼 구슬을 물리지 말아야 하고 무늬
있는 비단을 입히지 않아야 한다. 제단에 희생물을 늘어놓지 말아야 하
고 매장할 때 명기(明器)를 펼쳐놓지 않아야 한다."

◆◆

안영(晏嬰)이 관중에게 양생에 관해 물었다. 관중이 말했다.

"하고 싶은 대로 버려둘 따름입니다. 막지도 말고 거부하지도 말아야 합니다."

안영이 물었다.

"구체적으로는 어떻게 해야 합니까?"

관중이 말했다.

"귀가 듣고 싶어 하는 대로 듣게 하고, 눈이 보고 싶어 하는 대로 보게 하고, 코가 맡고 싶어 하는 대로 냄새 맡게 하고, 입이 말하고 싶어 하는 대로 말하게 하고, 몸이 편안하고자 하는 대로 편안하게 하며, 뜻이 행하고자 하는 대로 내버려두어야 합니다. 무릇 귀가 듣고 싶어 하는 것은 아름다운 음악이지요. 그것을 듣지 못하게 하면 청각을 막는다고 합니다. 눈이 보고 싶어 하는 것은 아름다운 빛깔이지요. 이를 보지 못하게 하면 시각을 막는다고 합니다. 코가 맡고 싶어 하는 것은 산초나 난초의 향기지요. 그것을 맡지 못하게 하면 후각을 막는다고 합니다. 입이 말하고 싶어 하는 것은 시비이지요. 이를 말하지 못하게 하면 지혜를 막는다고 합니다. 몸이 누리고 싶어 하는 것은 좋은 음식과 좋은 옷이지요. 그렇게 누리지 못하게 하면 편안함을 막는다고 합니다. 뜻이 바라는 것은 자유롭게 풀어주고 놓아주는 일이지요. 그렇게 바라지 못하게 하면 본성을 막는다고 합니다.

이러한 여러 가지 막음은 사람을 망치고 학대하는 행위입니다. 사람을 망치고 학대하는 속박을 제거하고 즐겁게 죽음을 기다린다면 하루나 한 달, 일 년이나 십 년을 살아도 제가 말하는 양생이 되는 것입니다. 사람을 망치고 학대하는 것에 얽매인 채 언제나 근심하면서 오래만 살아간다면, 백 년, 천 년 혹은 만 년을 산다 해도 제가 말하는 양생이 아닙니다."

관중이 다시 말했다.

"제가 이미 선생께 양생에 관해 말씀드렸습니다. 그런데 죽은 이를 보내는 것은 어떻게 해야 합니까?"

안영이 말했다.

"죽은 이를 보내는 것은 간단합니다. 뭐 따로 말할 게 있겠습니까?"

관중이 물었다.

"저는 꼭 듣고 싶습니다."

안영이 말했다.

"이미 죽은 다음에야 나와 무슨 상관이 있겠습니까? 태워도 되고 물에 가라앉혀도 되고 묻어도 됩니다. 들에 내버려도 되고 나뭇가지로 싸서 골짜기에 버려도 되고, 곤의(袞衣) 같은 예복이나 수놓은 비단옷을 입혀 돌로 만든 관에 넣어도 됩니다. 그저 경우대로 따르면 되지요."

관중이 포숙과 황자를 돌아보며 말했다. "우리 두 사람은 이제 생사의 도에 관해 모두 말한 셈이오."

무엇으로 다스릴 것인가

◆ ◆

자산이 정나라의 재상이 되어 나라의 정사를 도맡아 처리한 지 3년
이 지났다. 선한 사람들은 그의 교화를 잘 따랐고 악한 사람들은 금령을
두려워했으므로 나라가 잘 다스려졌다. 각국 제후들은 정나라가 강국
이 되지 않을까 하며 두려워할 정도였다. 자산에게는 공손조(公孫朝)라
는 형과 공손목(公孫穆)이라는 아우가 있었다. 형 공손조는 술을 좋아했
고 동생 공손목은 여자를 좋아했다.

공손조의 집에는 술이 천 종(鍾)이나 있었고 쌓인 누룩은 산더미를
이루었다. 집의 대문 백 보 밖에서도 술지게미 기운이 사람들의 코를 찌
를 정도였다. 그가 술에 취해 있을 때는 세상의 안위나 인간사의 회한,
가업의 유무, 일가친척의 친소, 생사의 슬픔과 즐거움 등에 대해서 아무
것도 알지 못했다. 물과 불이 들이닥치거나 눈앞에서 교전이 벌어진다
해도 이를 알지 못했다.

한편 아우 공손목의 집 뒤뜰에는 방이 수십 칸 늘어서 있고, 방마다 어리고 예쁜 여자들이 들어 있었다. 그가 한창 여색에 빠져 있을 때는 가족은 물론 친구도 끊어버린 채 뒤뜰로 숨어 들어가 낮을 밤으로 삼아 석 달이 되어서야 밖으로 한 번 나왔다. 그래도 그의 마음은 흡족하지 않았다. 동네에 예쁜 처녀가 있다는 소문을 들으면 재물을 써서라도 얻으려 했고, 중매를 놓아 끌어들여 반드시 손에 넣고 나서야 그쳤다.

자산은 밤낮으로 이를 걱정하다가 몰래 등석을 찾아가 의논했다.

"제가 듣기로 '자기 몸을 다스려 집안에 미치게 하고, 집안을 다스려 나라에 미치도록 한다'라고 했습니다. 이것은 가까운 데서 시작해 먼 곳에 이르게 함을 뜻합니다. 저는 나라를 다스리는 일은 잘하고 있지만 집안은 이렇게 혼란합니다. 제 방법이 틀렸습니까? 장차 어떻게 해야 두 사람을 구제할 수 있을까요? 선생께서 가르쳐주십시오."

등석이 말했다.

"저도 이상하게 여긴 지 오래입니다. 그러나 감히 먼저 말을 꺼내지 못했습니다. 그대는 어째서 그들이 제정신일 때 성명(性命)의 중요함으로 깨우치고 예의의 존귀함으로 이끌어주지 않으십니까?"

자산은 등석의 말을 따라 틈을 내어 형제를 찾아갔다.

"사람이 금수보다 귀한 이유는 지혜와 생각이 있기 때문입니다. 지혜와 생각을 이끌어나가는 것이 예의입니다. 예의가 있으면 명예와 지위가 얻어집니다. 만약 감정이 내키는 대로 움직여 향락에 탐닉한다면 성명이 위험해집니다. 형님과 아우가 제 말을 따라 아침에 뉘우쳐 고치기만 해도 저녁이면 식록을 얻을 수 있을 것입니다."

그러자 공손조와 공손목이 말했다.

"우리도 그쯤은 알고 있은 지 오래입니다. 이런 선택을 한 지도 오래 되었습니다. 어찌 그대 말을 듣고 나서야 알았겠습니까? 무릇 삶을 얻기란 어렵지만 죽음은 쉽게 다가옵니다. 얻기 어려운 삶으로 이르기 쉬운 죽음을 기다리고 있으니 무엇을 더 생각할 수 있겠습니까? 게다가 그대는 예의를 존중하며 남에게 자랑하고, 본성을 억제해 명예를 얻으려 하지만, 우리는 그렇게 사는 게 죽느니만 못하다고 생각합니다. 우리는 일생의 즐거움을 다 맛보고 한창때의 쾌락을 실컷 누려보고 싶습니다. 다만 배가 불러서 먹고 싶은 술을 마음대로 먹지 못하게 될까 봐 걱정하고, 힘이 빠져서 정욕대로 색을 즐기지 못할까 봐 걱정할 뿐입니다. 명성이 더럽혀지거나 성명이 위험해지는 일 따위를 근심할 겨를조차 없습니다. 그런데도 그대는 나라를 다스리는 능력으로 우리에게 뽐내며, 그럴듯한 말로 우리 마음을 어지럽히고, 영예와 녹봉으로 우리 뜻을 바꾸려고 하니, 이 어찌 비루하고도 가련한 일이 아니겠습니까? 우리 한번 따져봅시다.

무릇 밖을 잘 다스리는 사람이라고 해서 반드시 모든 외물을 그렇게 다스릴 수 있는 것은 아니고, 도리어 자신만 수고로워집니다. 안을 잘 다스리는 사람이라고 해서 반드시 외물이 혼란해지는 것은 아니지만, 도리어 본성은 편안해집니다. 그대가 밖을 다스리는 방법으로 한 나라를 잠시 다스릴 수는 있지만, 그렇다고 모든 사람의 마음에 합당하게 처리할 수는 없습니다. 그에 비해 우리가 안을 다스리는 방법을 천하로 넓혀 실행하면 임금과 신하의 도 따위도 필요가 없어집니다. 우리는 항상 이러한 방법으로 그대를 깨우치고 있는데, 그대는 도리어 그릇된 방법으로 우리를 가르치려 드십니까?"

자산은 망연자실해져서 한마디도 대꾸하지 못했다. 다른 날에 이 이야기를 등석에게 일러주자 등석은 이렇게 말했다.

"그대는 진인들과 함께 살면서 진리를 깨닫지 못했으니 누가 그대를 지혜로운 사람이라 하겠습니까? 정나라가 잘 다스려진 것은 우연일 뿐, 그대의 공로가 아니로군요."

마음의 구속을 벗어난 사람

◆ ◆

위나라 단목숙(端木叔)이라는 사람은 자공의 후손이었다. 그는 선조의 유산 덕분에 집에 만금을 쌓아놓고 세상일은 거들떠보지 않은 채 자신이 좋아하는 일을 뜻대로 누렸다. 무릇 사람이 하고 싶은 일이나 즐기고 싶어 하는 일 가운데 그가 해보지 않거나 즐기지 못한 것이 없을 정도였다. 집과 누대, 정원, 연못, 음식, 수레, 옷, 음악 및 시녀들은 제나라나 초나라의 임금이 가진 것에 비길 만했다. 그가 마음속으로 바라는 것, 귀로 듣고 싶은 것, 눈으로 보고 싶은 것, 입으로 먹고 싶은 것이라면 특이한 지역이나 먼 외국에만 있으며 중국에 없는 것이라 해도 손에 넣지 못하는 법이 없었다. 마치 자기 집 울타리 안에 있는 물건을 가져오는 것 같았다. 그가 유람할 때는 산과 강이 가로막고 있거나 길이 아무리 멀다 해도 닿지 못하는 곳이 없었다. 마치 보통 사람이 몇 걸음 디디는 것처럼 쉬워 보였다. 집 뜰에 있는 손님들이 매일 백 명 정도였고,

푸줏간과 부엌에서는 잔치 음식을 마련하느라 연기가 끊이지 않았다. 집안 대청에는 음악이 끊기는 법이 없었다.

이렇게 손님을 대접하고 남는 것은 먼저 일가친척에게 나누어주었으며, 일가친척에게 주고도 남으면 마을 사람에게 나누어주었다. 마을 사람에게 주고도 남으면 온 나라 사람들에게 나누어주었다.

단목숙은 계속해서 이렇게 살다가 나이 예순이 되어 기력이 약해지고 몸이 쇠해짐을 깨닫고 집안일을 내던지고 창고의 진귀한 보배, 수레, 옷, 첩과 시녀를 모두 남에게 나누어주었다. 이리하여 1년 만에 모든 재산을 완전히 없애고 자손들에게는 어떤 재물도 남기지 않았다. 그러다 나중에 병이 들었을 때는 약을 사거나 침을 맞을 돈도 없었으며, 결국 죽어서는 장례를 치를 돈조차 없었다.

나라 사람들 중에 그의 은혜를 입었던 이들은 이 소식을 듣고 돈을 거두어 장례를 치러주었고, 그의 자손들에게 재물을 되돌려주었다.

묵자의 제자인 금골리가 이 소식을 듣고 이렇게 말했다.

"단목숙은 광인이다. 자신의 조상을 욕되게 했다."

그러나 단간생(段干生)은 이렇게 말했다.

"단목숙은 통달한 사람이다. 그의 덕은 자신의 조상보다 훌륭하다. 그가 한 일은 보통 사람이 느끼기에는 의아하지만, 사실은 진실한 이치를 따른 것이다. 위나라 군자들은 대체로 예교로 스스로의 행동을 구속하고 있으므로 진실로 단목숙의 마음은 터득하지도 못하고 있다."

삶과 죽음도 내버려두어라

◆◆

맹손양(孟孫陽)이 양주에게 물었다.

"여기 한 사람이 있다고 합시다. 그가 생명을 귀히 여기고 몸을 아껴 죽지 않기를 기원하고 있다고 합시다. 가능하겠습니까?"

양주가 대답했다.

"죽지 않을 수 있는 이치란 없습니다."

"그렇다면 그저 오래 살기를 기도한다면 가능하겠습니까?"

이에 양주는 이렇게 대답했다.

"오래 살 수 있는 이치도 없습니다. 생명이란 귀히 여긴다고 해서 존속시킬 수 있는 게 아니며, 몸이란 아낀다고 해서 건강하게 만들 수 있는 게 아닙니다. 또한 오래 살아서 무엇 하겠다는 것입니까? 내가 가지고 있는 좋고 싫은 감정이나 옛사람이 느꼈던 감정은 같습니다. 세상의 고락을 느끼는 것도 예나 지금이나 같으며, 변화와 치란이 반복되는 것도 예나 지금이나 같습니다. 이미 듣고, 이미 보고, 이미 경험했으니, 백년을 산다 해도 오히려 싫증나도록 긴데, 하물며 오래 사는 괴로움을 바라겠습니까?"

맹손양이 말했다.

"만약 그렇다면 일찍 죽는 것이 오래 사는 것보다 낫다는 말씀이군요. 그렇다면 창끝이나 칼날을 밟거나 끓는 물이나 불 속으로 뛰어들면 원하는 바대로 죽을 수 있겠군요."

양자가 말했다.

"그렇지 않습니다. 이미 태어났다면 버려둔 채 그대로 맡겨두고, 마음이 바라는 일을 추구하면서 죽음을 기다려야 합니다. 장차 죽을 때가 되면 그때도 그대로 버려둔 채 맡겨두고, 되어가는 대로 따라가면서 다하는 대로 내버려두어야 합니다. 버려두지 않음이 없고 맡겨두지 않음이 없는데 어찌 일찍 죽고 늦게 죽는 데 마음을 쓰겠습니까?"

터럭 하나로 세상을 구제할 수 있다면

◆ ◆

양주가 말했다.

"백성자고(伯成子高)는 남을 이롭게 하는 데 터럭만큼도 관심이 없었고, 나라를 떠나 숨어서 농사를 지으며 살았다. 우임금은 자기 몸의 이익을 구하지 않고 일하다가 반신불수가 되었다. 옛사람들은 자신의 터럭 하나만 있으면 천하가 이로워진다 해도 뽑으려 하지 않았고, 천하가 다 자기 한 사람을 떠받든다고 해도 이를 원하지 않았다. 사람마다 터럭 하나도 뽑지 않았고, 사람마다 천하를 이롭게 하지 않았어도 천하는 다스려졌다."

금자(禽子)가 양주에게 물었다.

"그대 몸에서 터럭 하나만 뽑으면 온 세상을 구제할 수 있다고 말한다면, 그대는 그렇게 하시겠습니까?"

양주가 말했다.

"세상은 결코 터럭 하나로 구제할 수 있는 것이 아닙니다."

금자가 말했다.

"구제할 수 있다고 가정한다면 그렇게 하시겠습니까?"

양자는 대답하지 않았다.

금자가 밖으로 나와서 이 이야기를 맹손양에게 일러주자 맹손양은 이렇게 말했다.

"그대는 우리 선생님 마음을 이해하지 못했군요. 제가 대신 설명해보 겠습니다. 만약 당신 살갗을 조금 떼어내면 만금을 얻을 수 있다고 합시 다. 그러면 그대는 그렇게 하겠습니까?"

금자가 말했다.

"하지요."

맹손양이 말했다.

"그렇다면 그대의 몸 한 부분을 자르면 나라 하나를 얻을 수 있다고 합시다. 그러면 그대는 그렇게 하겠습니까?"

금자는 한동안 대답을 하지 못했다. 맹손양이 말했다.

"터럭 하나는 분명히 살갗보다도 경미합니다. 살갗은 분명히 몸의 한 부분보다 경미합니다. 그러나 터럭 하나가 모여 살갗을 이루고 살갗이 모여 몸의 한 부분을 이룹니다. 터럭 하나는 본래 몸 한 부분에 비하면 만분의 일에 해당하지만, 그렇다고 어찌 이것을 가벼이 여길 수 있겠습 니까?"

금자가 말했다.

"나로서는 뭐라고 대답해야 할지 모르겠습니다. 노담이나 관윤에게 질문한다면 그대의 말이 옳다고 할 것입니다. 그렇지만 우임금이나 묵자에게 질문한다면 내 의견이 옳다고 할 것입니다."

맹손양은 그 말을 듣고는 자기 제자들 쪽을 돌아보면서 다른 화제로 바꾸어버렸다.

선과 악의 가치를 판단할 수 있을까

◆◆

양주가 말했다.

"천하의 아름다운 이름은 모두 순, 우, 주공, 공자에게 돌아가고, 천하의 악한 이름은 모두 걸과 주에게 귀착된다. 그러나 순은 하양에서 농사를 지었고, 뇌택에서 질그릇을 구웠다. 팔다리는 잠시도 편할 날이 없었고, 맛난 음식을 배불리 먹어보지도 못했다. 부모도 그를 사랑하지 않았고 아우나 누이도 그와 친하지 않았다. 나이 서른이 되어 부모에게 알리지도 않고 장가를 들었으며, 요임금에게 선양받았을 때는 이미 너무 늦어서 지혜가 쇠하고 말았다. 아들 상균은 재주가 없어서 할 수 없이 그에게 나라를 물려주지 못하고 우에게 선양하고 근심 속에 죽어갔다. 그러므로 순임금은 하늘이 낸 사람 가운데 가장 극심한 고통을 겪은 인물이다.

곤은 물과 땅을 다스리는 일을 맡았지만 제대로 성공을 거두지 못해 우산에서 죽임을 당했다. 아들 우가 아버지의 일을 이어받아 아비를 죽인 원수를 섬기며 토목공사를 크게 일으켰다. 일을 할 시간도 아까워 아들이 태어났을 때도 이름을 지어주지 못했고, 집 앞을 지나치면서도 집에 들어가보지 못할 정도였다. 몸은 마를 대로 마르고 손발은 부르틀 대로 부르텄다. 순임금의 선양을 받아 천자가 되어서도 자신이 사는 궁궐을 보잘것없이 지었고, 도리어 제사 지내는 복식은 아름답게 했다. 그러고는 근심 속에 죽어갔다. 그러므로 우임금은 하늘이 낸 사람 가운데 가장 근심하고 괴로워한 인물이다.

무왕이 죽고 나서 성왕이 들어섰지만 어리고 약해서 주공이 대신 천자의 정사를 보살펴야 했다. 주공의 아우 소공은 이를 달갑지 않게 여겨, 네 나라에 헛된 소문을 퍼뜨렸다. 주공은 동쪽에 3년 동안 가 있으면서 형을 죽이고 아우를 내쫓았다. 그러고 나서야 겨우 화를 면했다. 그러고는 결국 근심 속에 죽어갔다. 그러므로 주공은 하늘이 낸 사람 가운데 위험과 두려움을 가장 심하게 겪은 인물이다.

공자는 제왕의 도에 밝아 당시 여러 임금들의 초빙에 응했다. 그런데 송나라에 가서 쉬고 있을 때 사람들이 공자를 죽이려고 커다란 나무를 베어 넘겼고, 위나라에서는 쫓겨났으며, 상나라와 주나라에서도 궁지에 몰렸고, 진나라와 채나라 사이에서는 포위를 당했다. 또 계씨에게 멸시받았고, 양호에게 심한 굴욕을 당하기도 했다. 그러고는 근심 속에 죽어갔다. 그러므로 공자는 하늘이 낸 사람 가운데 굴욕의 고통을 가장 심하게 겪은 인물이다.

이들 네 성인은 살아서 단 하루도 기쁨을 누린 날이 없었지만 죽어서는 만세에 유전되는 명성을 지녔다.

이런 명성이란 진실로 취할 바가 아니다. 비록 칭송한다 한들 죽은 뒤에 어떻게 알겠으며, 비록 상을 준다 한들 죽은 뒤에 어떻게 알겠는가? 결국 나무토막이나 진흙덩이와 다를 바 없다.

걸은 여러 대에 걸쳐 쌓아놓은 재물을 바탕으로 천자라는 존귀한 자리를 누렸다. 그의 지혜는 뭇 신하의 간언을 막아내기에 충분했고 위세는 세상을 진동시키기에 충분했다. 눈과 귀를 즐겁게 하는 것은 마음대로 할 수 있었고, 뜻과 생각이 바라는 일도 마음대로 할 수 있었다. 걸은 이렇듯 즐거움을 실컷 누리다가 죽음을 맞이했다. 그러므로 걸은 하늘이 내린 사람 가운데 가장 안일하고 방탕했던 인물이다.

주 역시 여러 대에 걸쳐 쌓아놓은 재물을 바탕으로 천자라는 존귀한 지위를 누렸다. 위세를 부리면 하지 못할 바가 없었고, 의지를 세우면 그에 따르지 않는 사람이 없었다. 궁궐을 지어놓고 마음 내키는 대로 행동하고, 밤에는 정욕을 채우기 위해 멋대로 즐겼다. 예의를 차리기 위해 스스로를 괴롭힐 필요 따위는 없었다. 그는 이렇게 즐거움을 누리다가 죽임을 당했다. 그러므로 주는 하늘이 내린 사람 가운데 가장 방종했던 인물이다.

저들 두 악인은 살아서는 욕망에 따라 즐거움을 누리고, 죽어서는 어리석고 포악하다는 이름을 남겼다. 실제 삶은 결코 죽은 뒤의 명예와 견줄 수 없다. 비록 욕을 퍼붓는다 해도 죽은 뒤에 어떻게 알겠으며, 비록 칭찬을 퍼붓는다 해도 죽은 뒤에 어떻게 알겠는가? 이는 나무토막이나 진흙덩이에 대고 하는 말이나 다를 바 없다.

앞의 네 성인은 비록 미명을 얻었지만 마지막 순간까지 괴로워했으며, 모두 죽음으로 돌아갔다. 뒤의 두 악인은 비록 악명을 얻었지만 마지막 순간까지 즐거워했고, 모두 죽음으로 돌아갔다."

큰일을 할 사람이 큰일을 할 수 있다

◆◆

양주가 양나라 임금을 뵙고 천하 다스리기가 손바닥 위의 물건 가지고 놀듯 쉽다고 말했다. 그러자 양나라 임금이 이렇게 말했다.

"선생은 부인과 첩 하나조차 못 다스리고 세 뙈기의 채마밭에 있는 김도 맬 줄 모르면서 천하 다스리기가 손바닥 위의 물건 가지고 놀듯 쉽다고 말하니 무슨 까닭이오?"

양주는 이렇게 대답했다.

"임금님께서는 양 치는 사람을 본 적이 있으십니까? 오 척 동자에게 채찍을 들고서 백 마리 정도 되는 양 떼를 몰게 해도, 동쪽으로 몰고 싶으면 동쪽으로 몰고, 서쪽으로 몰고 싶으면 서쪽으로 몰 수 있습니다. 그러나 요임금에게 양 한 마리를 앞에서 끌라 하고 순임금에게 채찍을 들고 그 뒤를 따르게 해도 양은 좀처럼 앞으로 나아가지 않습니다.

또 제가 듣기로, 배를 집어삼킬 만한 큰 물고기는 작은 도랑물에서는

272

놀지 않으며 고니 같은 큰 새는 연못에는 내려앉지 않는다고 합니다. 왜 그렇겠습니까? 뜻이 지극히 원대하기 때문입니다. 황종과 대려 같은 음악은 번잡하게 날뛰는 춤에는 맞출 수가 없습니다. 왜 그렇겠습니까? 가락이 장엄하기 때문입니다. 큰일을 할 사람은 작은 일을 하지 않고 큰 공을 세울 사람은 작은 공을 세우지 못한다는 말은 이를 두고 생긴 것입니다."

눈앞의 것을 위해 삶을 제한하지 마라

◆◆

양주가 말했다.

"태곳적 일은 완전히 소멸되었다. 누가 그것을 기록했는가? 삼황의
일은 있었던 것도 같고 없었던 것도 같으며, 오제의 일은 깨어 있을 때
의 일 같기도 하고 꿈속의 일 같기도 하며, 삼왕의 일은 숨겨지기도 하
고 혹은 드러나기도 해서 억 가지 일 가운데 하나도 알 수 없게 되었다.
지금 우리 시대의 일을 듣거나 보아도 만 가지 가운데 하나도 알지 못
한다. 눈앞의 일은 존재하기도 하고 혹은 사라지기도 해서 천 가지 가운
데 하나도 알지 못한다.

태고부터 오늘날에 이르기까지의 햇수는 이루 다 헤아릴 수 없지만,
복희씨 이래로 30여 만 대이다. 그간 어진 것과 어리석은 것, 좋은 것과
나쁜 것, 성공한 일과 실패한 일, 옳은 일과 틀린 일 중 소멸해서 없어지
지 않은 것이 없다. 다만 속도가 늦느냐 빠르느냐 하는 차이가 있을 뿐

이다. 한때의 모욕과 명예를 위해 정신과 육체를 애태우고 괴롭히다가 죽고 난 뒤 수백 년 동안 남은 이름이 대단하다 한들, 어찌 마른 뼈를 윤택하게 할 수 있겠는가? 그렇게 산다고 해서 무슨 즐거움이 있겠는가?"

사람은 천지의 모습을 닮았다

◆◆

양주가 말했다.

"사람이란 천지의 모습과 닮아 있다. 오상(五常)의 본성을 품고 있어 살아 있는 것 가운데 가장 영험한 것이 곧 사람이다. 그러나 사람의 발톱과 이는 자신을 방어하기에 충분하지 않고, 근육과 살갗은 자신의 몸을 보호하기에 충분하지 않으며, 뛰는 속도도 어떤 이익을 얻거나 화를 피해 달아나기에 충분하지 않다. 그런가 하면 추위나 더위를 막을 털이나 깃도 없어 반드시 외물을 이용해야 삶을 영위할 수 있다. 사람은 지혜에 의지해야지 힘을 믿어서는 안 된다. 그러므로 귀중히 여기는 바는 지혜이다. 지혜로 자신을 보존할 수 있기 때문에 이를 귀하게 여기는 것이다. 그에 비해 천히 여기는 바는 힘이다. 힘으로 한다면 다른 사물에 침범당할 수밖에 없기 때문에 천하게 여기는 것이다.

몸이란 내 소유가 아니다. 그러나 이미 태어난 마당에 이를 온전히 보전하지 않으면 안 된다. 만물도 내 소유가 아니다. 그러나 이미 만물이 있는 마당에 이를 버려둘 수는 없다.

　몸은 진실로 생명의 주요 요소이며, 만물 또한 삶을 지탱해주는 바탕이다. 비록 생명을 온전히 한다고 해서 그 몸을 소유할 수는 없다. 마찬가지로 물건을 버릴 수 없다고 해서 그 물건을 소유할 수는 없다. 물건을 소유하고 몸을 소유한다는 것은, 천하라는 몸을 사사로이 소유하고 천하라는 물건을 사사로이 소유한다는 뜻이다. 천하의 몸을 사사로이 소유하지 않고 천하의 물건을 사사로이 소유하지 않는 것은 오직 성인만이 가능한 일이다. 천하의 몸을 함께 공유하고 천하의 물건을 함께 공유하는 것은 오직 지인(至人)만이 가능한 일이다. 이를 일러 지극함에 이르렀다고 하는 것이다."

욕망을 버리면 걱정할 것이 줄어든다

◆◆

양주가 말했다.

"사람이 휴식을 취하지 못하는 것은 다음 네 가지 이유에서다. 첫째는 수명, 둘째는 명예, 셋째는 지위, 넷째는 재물이다. 이 네 가지에 얽매인 사람은 귀신을 두려워하고 사람을 두려워하며 위세를 두려워하고 형벌을 두려워한다. 이런 사람을 일러 역민(逆民), 즉 거스르는 사람이라 부른다. 이들은 죽는 것도 사는 것도 운명을 다스리는 것도 외부에 있다고 여긴다.

운명을 거스르지 않는다면 어찌 오래 사는 것을 부러워하겠는가? 귀함을 뽐내지 않는다면 어찌 명예를 부러워하겠는가? 권세를 추구하지 않는다면 어찌 지위를 부러워하겠는가? 부유함을 탐내지 않는다면 어찌 재물을 부러워하겠는가? 이렇게 여기는 사람을 일러 순민(順民), 즉 순응하는 사람이라 부른다. 이들은 천하에 대적할 것이 없으며, 생명을 다스리는 힘이 자기 안에 있다고 여긴다.

그러므로 옛말에 '사람이 결혼도 하지 않고 벼슬도 하지 않으면 정욕의 반은 사라질 것이요, 입지도 먹지도 않으면 군신의 도가 필요 없어진다'라고 했다.

주나라 속담에 '농부를 앉혀놓고 일을 하지 못하게 하면 그를 죽일 수 있다'라고 했다. 농부는 아침에 나갔다가 밤늦게 돌아오는 것을 본성이려니 여긴다. 또 콩국을 마시고 콩잎을 먹으면서 스스로 그것이 가장 맛있는 음식이라 믿는다. 살갗과 근육은 거칠고 두꺼우며 힘줄과 뼈마디는 굵고 팽팽하다. 하루아침에 그런 농부에게 부드러운 갖옷을 입히고 비단 장막에 머물게 하며, 쌀밥과 고기반찬에 향기로운 과일을 먹게 하면 어떻게 되겠는가. 도리어 마음이 불안하고 몸이 괴로워져서 안에서 열이 나 병들고 만다. 만약 상나라나 노나라 임금에게 농부처럼 농사를 짓게 한다면 잠깐도 안 되어 지쳐버릴 것이다. 그러므로 야인이 편안히 여기는 것과 야인이 아름답다고 여기는 것이 따로 있으며, 그들에게는 천하에 그것보다 좋은 것이 없다.

옛날 송나라의 어떤 농부는 언제나 낡고 해진 옷 하나로 겨울을 나고, 봄이 되어 농사일이 시작될 때면 해 아래서 볕을 쬤다. 천하에 커다란 집이나 따스한 방, 솜옷, 여우나 담비 가죽으로 만든 갖옷이 있다는 사실은 알지 못했다. 농부는 아내를 돌아다보며 이렇게 말했다.

'햇볕을 쬐면 따뜻하다는 사실은 누구도 모를 것이오. 이 사실을 임금에게 알려드리면 장차 큰 상을 받을지도 모르오.'

이 이야기를 들은 그 마을 부자가 이렇게 말했다.

'옛날 어떤 사람이 융숙, 감시 줄기, 근평 씨 등을 먹어보고는 그 고을의 호족들에게 매우 맛있다며 권했소. 그래서 호족들이 가져와 맛을 보았더니 벌레가 입을 쏘는 것 같았고 배가 아파 견딜 수가 없었소. 사람들이 모두 그를 비웃고 원망하자 그 사람은 크게 부끄러워했다오. 당신이 바로 그런 사람이구려.'"

명성을 원하지 않는 사람은 근심도 없다

◆◆

양주가 말했다.

"훌륭한 저택과 아름다운 옷, 맛있는 음식과 아름다운 여자, 이 네 가지가 있는데 어찌하여 다른 것을 추구하는가? 사람들은 이런 것이 있어도 다른 것을 추구한다. 바로 만족을 모르는 인간 본성 때문이다. 만족을 모르는 본성이란 음양의 기를 좀먹는 벌레이다."

충(忠)이란 임금을 편안히 해주기에는 부족하면서 자기 몸을 위태롭게 하기에 알맞으며, 의(義)란 외물을 이롭게 하기에는 부족하면서 자신의 생명을 해치기에 알맞다. 윗사람이 편안해지는 근원이 충이 아니라면 충이라는 개념은 사라진다. 마찬가지로 남이 이롭게 되는 근원이 의가 아니라면 의란 개념은 사라져야 한다. 임금과 신하가 모두 편안하고 남과 내가 함께 이로울 수 있는 방도란 옛날의 도뿐이다.

육자가 말했다.

"명성을 원하지 않는 사람은 근심이 없다."

노자는 이렇게 말했다.

"명성이란 실질의 손님이다."

그런데도 사람들은 명성을 추구하는 일을 그만두지 못하고 있다. 명성이란 진실로 원하지 않을 수 없으며, 진실로 실질의 손님이 될 수 없는 것인가? 지금 명성을 얻은 사람은 존귀해지고 영예로워진다. 그러나 명성을 잃으면 미천해지고 굴욕을 당한다. 존귀와 영예를 얻으면 편안함과 즐거움을 누리며, 천대와 굴욕을 당하면 근심이 생기고 괴로워진다. 근심과 괴로움은 본성에 위배되는 것이고, 편안함과 즐거움은 본성에 순응하는 것이다. 이는 실질과도 밀접하게 얽매여 있다.

그러니 어떻게 명성을 원하지 않을 수 있겠는가? 어찌 명성을 손님으로 여길 수 있겠는가? 그저 명성을 지키기 위해 실질에 누를 끼칠까 봐 걱정한다면서, 도리어 명성을 지키기 위해 실질에 누를 끼치고 있다. 그러면 장차 존망의 위기에 처해도 구제할 수 없음을 각오해야 한다. 어찌 편안함과 즐거움, 근심과 괴로움 사이의 문제이겠는가?

하늘의 도를 논하다

설부·說符

8편을 읽기 전에

◆ ◆

'설부'는 하늘의 도에 부합하는지를 논한다는 뜻으로, 어떠한 행동에 어떤 결과가 따르는지 살펴보는 인과관계에 대해 말하고 있다. 『열자』는 하늘의 상서로움을 깨닫는 '천서'를 1편으로 시작해서 상대적인 사람의 생각과 행위가 하늘의 도에 부합되는지를 알아보는 8편 '설부'로 끝을 맺고 있다. 화와 복, 행운과 불행, 명분과 실질, 앎과 실천 등은 자연의 원리인 천명에 따라 생겨나고 변화하고 소멸되는 것이다. 그러므로 모든 것은 이미 정해진 것을 어떻게 생각하느냐에 달려 있고, 모든 행위는 이미 정해진 상황에 어떻게 반응하느냐에 달려 있다.

善持勝者以彊為弱

승리를 잘 유지하는 사람은 강하면서도 약한 것처럼 행동한다

도로 말미암지 않는 일이란 없다

◆ ◆

열자가 호구자림 밑에서 배울 때 호구자림이 이렇게 말했다.

"뒤에 처할 줄 알면 몸을 잘 보전한다고 말할 수 있으리라."

열자가 말했다.

"뒤에 처한다는 것에 대해 듣고 싶습니다."

호구자림이 말했다.

"고개를 돌려 네 그림자를 살펴보면 깨닫게 될 것이다."

열자가 그림자를 돌아보았더니 몸을 굽히면 그림자도 굽어지고 몸을 곧게 펴면 그림자도 곧아졌다. 그렇다면 굽거나 곧은 것은 몸에 따른 변화일 뿐, 그림자에 달려 있는 것이 아니다. 굽히고 펴는 것을 외물에 맡겨두고 자기 뜻대로 하려 들지 않는 것. 이것을 일러 뒤에 처하면서 남보다 앞선다고 하는 것이다.

관윤이 열자에게 말했다.

"말하는 소리가 아름다우면 그 메아리도 아름답고 말하는 소리가 듣기 싫으면 그 메아리도 듣기 싫기 마련이며, 몸이 길면 그 그림자도 길고 몸이 짧으면 그 그림자도 짧습니다. 명성이란 메아리와 같고 행동은 그림자와 같습니다. 그러므로 '말이 조심스러우면 따르는 자가 있다'라고 말한 것입니다. 이런 까닭에 성인들은 겉을 보면 그 안을 알고, 지나간 것을 살펴 다가올 것을 알 수 있습니다. 이것이 그들이 앞일을 먼저 예측할 수 있는 이치입니다.

자신에게 있는 척도로 미루어 남을 살필 수 있습니다. 누군가 나를 사랑하면 나도 틀림없이 그를 사랑하게 되고, 누군가 나를 미워하면 나도 반드시 그를 미워하게 됩니다. 탕왕이나 무왕은 천하를 사랑했기 때문에 천하를 얻을 수 있었고, 걸왕과 주왕은 천하를 미워했기 때문에 망하고 말았습니다. 이것이 남을 살피는 도리입니다.

그러나 남을 살피는 일과 자신의 척도가 모두 명확하다 해도 도에 근거하지 않는다면 마치 나갈 때 문을 통하지 않고 거리를 걸을 때 길을 따르지 않는 것과 같습니다. 그렇게 하고서도 이롭기를 바란다면 어찌 어렵지 않겠습니까?

일찍이 저는 염제 신농씨의 덕을 관찰했고, 우, 하, 상, 주에 관한 기록을 살폈으며, 예법을 따른 수많은 사람과 현인의 말을 조사했습니다. 존망과 흥성의 원인이 도로 말미암지 않음이 없었습니다."

＊＊

엄회(嚴恢)가 말했다.

"도의를 배우는 이유는 부자가 되기 위해서입니다. 그런데 부자가 되려면 구슬을 얻는 쪽이 빠른 길입니다. 어째서 꼭 도의가 필요한 것입니까?"

열자가 말했다.

"걸이나 주는 오직 이익을 중시하고 도의를 가벼이 여겼기 때문에 망했습니다. 다행히 아직 당신에게 말해주지 않은 것이 있군요. 사람에게 도의가 없고 오직 밥만 먹을 줄 안다면 닭이나 개와 다를 바 없습니다. 먹을 것을 빼앗거나 힘으로 다투어 이긴 자만이 다스릴 수 있다면 금수와 다를 바가 없습니다. 닭이나 개, 금수와 같이 행동하면서 남이 나를 존중해주기를 바랄 수는 없습니다. 남이 나를 존중해주지도 않을뿐더러, 도리어 위험과 모욕이 찾아올 것입니다."

현상이 아닌 원인을 파악하라

◆ ◆

열자가 활쏘기를 배워 과녁을 맞히고 나서 관윤자에게 가르침을 청
하자 관윤자는 이렇게 말했다.

"그대는 자신이 어떻게 해서 과녁을 맞힐 수 있는지 아시오?"

열자가 대답했다.

"모르겠습니다."

관윤자가 말했다.

"그렇다면 아직 멀었소."

열자가 물러나 다시 활쏘기를 익히기를 3년이 지났다. 그러고 나서
다시 관윤자에게 알렸다. 관윤자는 이전과 똑같은 질문을 했다.

"그대는 자신이 어떻게 해서 과녁을 맞힐 수 있는지 아시오?"

열자가 말했다.

"알고 있습니다."

그러자 관윤자는 이렇게 말했다.

"되었소. 잘 지켜 잃어버리지 않도록 하시오. 활쏘기만 그런 것이 아니라 나라와 자신을 다스리는 것도 모두 이와 같다오. 그 때문에 성인은 존망의 현상을 살폈던 것이 아니라 그렇게 된 까닭을 살폈던 것이오."

현명한 사람이 누구인지를 보아라

◆◆

열자가 말했다.

"혈색이 왕성한 자는 쉽게 교만해지고 기력이 왕성한 자는 쉽게 격분한다. 그 때문에 더불어 도를 이야기할 수 없다. 머리가 희끗희끗해진 사람이 아니라면 더불어 도를 이야기하려 해도 실패하고 만다. 하물며 도를 실행하는 문제라면 어떻겠는가?

스스로 격분하면 누구도 그에게 도를 가르쳐주지 않게 된다. 아무도 도를 가르쳐주지 않으면 고립되어 돕는 사람이 사라진다.

현명한 사람들은 남에게 맡김으로써 늙어도 쇠하지 않고 지혜가 다해도 어지러워지지 않는다. 그러므로 나라를 다스리는 일의 어려움은 현명한 사람이 누구인지 알아내는 데 있지, 자기 스스로 현명해지는 데 있지 않다."

자연의 변화를 지켜라

◆◆

송나라의 어떤 사람이 임금을 위해 옥으로 닥나무 잎을 조각하기 시작해 3년 만에 완성했다. 잎 끝과 양옆의 톱니, 줄기, 잎맥은 물론 솜털과 가시, 윤기조차 실제와 같았다. 진짜 닥나무 잎 가운데 섞어놓아도 구별해낼 수 없을 정도로 정교했다. 그는 마침내 이러한 기술로 송나라의 녹봉을 먹게 되었다. 열자가 이 이야기를 듣고 말했다.

"하늘과 땅에서 생장하는 만물에게 3년 만에 잎 하나씩만 만들게 한다면 곧 만물 가운데 잎을 가진 나무가 줄어들 것이다. 성인은 자연에 따른 변화에 의지했지, 지혜와 기교를 따르지 않았다."

그가 양식을 거절한 이유

◆◆

열자는 정나라에 살 때 곤궁하게 지내 용모에도 굶주린 기색이 배어 있었다. 어느 객이 이를 보다 못해 정나라 재상 자양(子陽)에게 이런 제안을 했다.

"열어구는 도를 터득한 선비입니다. 이 나라에 살면서 이토록 궁하게 지내는 것을 보면 그대의 군주는 선비를 좋아하지 않는 것인가요?"

자양은 이 말을 듣고 즉시 관리에게 명해 열자에게 양식을 보내주었다. 열자가 나와서 양식을 가져온 관리를 보고 두 번 절하면서 사양했다. 관리를 돌려보내고 열자가 집 안으로 들어오자 그의 아내는 가슴을 치며 원망했다.

"내가 듣기로 도를 터득해 성공한 사람의 아내와 자식들은 모두 편안함과 즐거움을 누린다고 합니다. 지금 우리가 이렇게 못산다는 것을 알고 재상이 대우를 해 먹을 양식을 보내주었는데, 받지 않고 그대로 돌려

보내다니요. 그건 명을 거스르는 게 아닌가요?"

열자는 웃으면서 이렇게 설명했다.

"재상은 스스로 나서서 나를 알아준 게 아니라오. 남의 말을 듣고 양식을 보내준 것이오. 그러니 내게 죄를 물을 때도 남의 말에 따를 것이오. 이 때문에 내가 받지 않은 것이오."

그 후 과연 백성이 난을 일으켰고 자양은 죽고 말았다.

일의 시비란 정해져 있는 게 아니다

◆◆

　노나라 시씨(施氏)에게 아들이 둘 있었다. 하나는 학문을 좋아했고 하나는 병법을 좋아했다. 학문을 좋아한 아들은 제나라 제후를 찾아가 학문으로 벼슬을 구했다. 제나라 제후는 그를 맞아 여러 공자들을 가르치는 스승으로 삼았다. 한편 병법을 좋아한 아들은 초나라에 가서 자신이 익힌 병법으로 벼슬을 구했다. 과연 초나라 왕은 그를 기쁘게 맞아 군사 책임자인 군정 벼슬에 임명했다. 그들의 녹봉은 집안을 부유하게 만들었고 그들이 받은 벼슬은 부모를 영화롭게 했다.

　시씨네 이웃에 맹씨(孟氏)가 살고 있었다. 똑같이 아들이 둘 있었으며 배운 것도 같았지만 늘 곤궁하게 지내면서 시씨의 부유함을 부러워했다. 맹씨는 시씨를 찾아가 벼슬을 구하는 법을 일러달라고 청했다. 시씨네 두 아들은 맹씨에게 사실대로 말해주었다.

　그래서 맹씨네 아들 중 하나가 우선 진나라로 가서 진나라 왕에게 학

296

문으로 벼슬을 구했다. 그러나 진나라 왕은 이렇게 거절했다.

"지금 제후들은 오로지 힘으로 다투고 있소. 그러니 군대와 식량이 가장 우선이오. 그대가 주장하는 인의로 이 나라를 다스렸다가는 곧바로 멸망할 것이오."

그러고는 그를 궁형에 처하고 추방해버렸다.

다른 아들은 위나라로 가서 위나라 제후를 만나 자신의 병법으로 벼슬을 구했다. 그러나 위나라 제후는 이렇게 거절했다.

"우리는 작고 힘없는 나라로서 큰 나라 사이에 끼여 있소. 큰 나라는 우리가 섬겨야 하고 작은 나라는 우리가 달래야 하오. 이것이 안녕을 구하는 길이오. 그대 말대로 군사의 힘에 의지했다가는 곧 멸망하고 말 것이오. 만약 그대를 온전히 돌려보냈다가는 다시 다른 나라로 가서 똑같은 주장을 할 테지. 그렇게 되면 우리나라에 미칠 환난이 작지 않을 것이오."

그러고는 그의 다리를 자르고는 노나라로 되돌려 보냈다.

두 아들이 돌아오자 맹씨네 부자는 함께 가슴을 치며 시씨네를 원망했다. 그러자 시씨가 말했다.

"무릇 때를 얻은 자는 성공하고 때를 잃은 자는 망하기 마련이오. 당신들의 도가 우리와 같은데도 결과가 다른 것은 때를 거슬렀기 때문이지 행동이 잘못돼서가 아니오. 또한 천하의 이치란 항상 옳기만 할 수 없고, 일이란 항상 그릇될 수만은 없소. 어제 좋다고 쓴 것을 오늘 버리기도 하며, 지금은 버렸다가도 내일 다시 찾아 쓸 수도 있소. 이처럼 쓰이거나 쓰이지 않는 데 정해진 시비가 있는 것은 아니오. 기회를 붙잡고 때에 맞추어 처리하는 일에는 고정된 방법이 없으므로 지혜에 의지해야 하오. 만약 지혜가 부족하다면 박학하기가 마치 공자와 같고 법술이 여상과 같다 해도 어디를 간들 곤경에 처하지 않을 수 있겠소?"

맹씨 부자는 그제야 원망하는 표정을 풀면서 이렇게 말했다.

"잘 알았습니다. 더 이상 말하지 않아도 됩니다."

남의 것을 탐하지 마라

◆◆

진나라 문공이 조회에 나가 위나라를 정벌할 준비를 하고 있었다. 그
때 공자 서(鋤)가 하늘을 쳐다보며 웃었다. 문공이 이상히 여겨 그 이유
를 물었다.

"어찌하여 웃는가?"

그는 이렇게 대답했다.

"저의 이웃이 아내를 친정으로 보내면서 생긴 일이 생각나서 웃었습
니다. 그 사람이 처를 보내주려고 함께 길을 나섰는데 마침 길가 뽕밭
에서 뽕을 따는 여자를 보고 마음이 동해 수작을 걸려 했습니다. 그런데
마침 아내 쪽을 돌아다보니 역시 그녀를 손짓해 부르며 수작을 벌이는
다른 남자가 있더라는 겁니다. 제가 웃은 것은 이 때문입니다."

문공은 그의 말뜻을 깨닫고 곧장 정벌을 중지하고 군사들을 이끌고
돌아왔다. 아니나 다를까, 아직 수도에 도착하기도 전에 북쪽 변경을 공
격해 오는 나라가 있었다.

문제의 원인을 겨냥하라

◆◆

진(晉)나라에 도둑이 극성을 부려 심한 괴로움을 당하고 있었다. 당시 극옹(郤雍)이란 사람이 있었는데 모습만 보고도 도둑인지 아닌지 알아 맞혔고, 눈썹 언저리만 살피고도 속마음을 알아낼 수 있었다. 진나라 제후가 그에게 도둑을 식별하게 했더니 수천 수백 번 중에 한 번도 어긋남이 없었다.

진나라 제후는 매우 기뻐하면서 조문자(趙文子)에게 이를 자랑했다.

"나는 사람 하나를 얻어 온 나라의 도둑을 없앴습니다. 많은 사람을 쓴다고 될 일이 아니더군요."

조문자는 이렇게 대꾸했다.

"몰래 살펴서 도둑을 잡았다고 하지만 그래도 도둑은 없어지지 않을 것입니다. 게다가 극옹은 틀림없이 제명에 죽지 못할 것입니다."

얼마 후 도둑들이 모의를 했다.

"우리가 궁지에 몰린 것은 극옹 때문이다."

그들은 마침내 몰래 극옹을 죽여버렸다. 진나라 제후는 이 사실을 알고 크게 놀라 곧바로 문자를 불러서 말했다.

"과연 선생의 말대로 극옹은 죽임을 당했습니다. 그러면 도둑을 잡을 때 어떤 방법을 써야 합니까?"

문자가 말했다.

"주나라 속담에 이런 말이 있습니다. '못 속의 물고기까지 볼 수 있는 사람은 상서롭지 못하고, 감추어진 것까지 헤아릴 수 있는 사람에게는 재앙이 있다.' 그러니 임금께서 도둑을 없애고자 하신다면 현명한 사람을 등용해 그에게 일을 맡기는 것보다 좋은 방법이 없을 것입니다. 위로는 정치를 맑게 하고 아래로는 교화에 힘써 백성이 부끄러움을 아는 마음을 지닌다면 어찌 도둑질을 하려고 하겠습니까?"

이에 어진 사람으로 이름난 수회(隨會)를 등용해 정사를 맡겼다. 그러자 도둑들은 모두 진(秦)나라로 도망가버렸다.

물과 하나가 된 사람

◆◆

공자가 위나라에서 노나라로 돌아오다가 하수의 제방 가에 수레를 멈추어놓고 쉬고 있었다. 그 앞에 삼십 길 높이의 폭포가 있었고 아래로는 물결이 구십 리 넓이로 소용돌이쳤다. 물고기나 자라조차 헤엄치지 못할 정도였으며, 남생이나 악어도 살 수 없는 곳이었다. 그런데 그때 어떤 사내가 물길을 건너려고 했다. 공자는 제자들에게 물길을 따라가서 그를 막으라고 했다.

"이 폭포는 높이가 삼십 길이나 되고 소용돌이치는 물결이 구십 리까지 흐르오. 물고기와 자라도 헤엄칠 수 없고 남생이나 악어조차 살 수 없는 곳인데 과연 이런 곳을 건널 수 있겠소?"

그러나 사나이는 태연히 물을 건너서 물살을 뚫고 나왔다. 지켜보던 공자가 물었다.

"대단하오! 거기에 어떤 도술이 있는 것이오? 어떻게 그렇게 들어갔다가 나올 수 있소?"

사내는 이렇게 대답했다.

"나는 물에 들어갈 때 먼저 굳센 믿음을 갖고, 수면으로 나올 때도 굳센 믿음을 갖습니다. 굳센 믿음으로 내 몸을 물결에 자연스럽게 맡겨둘 뿐, 사사로운 마음은 먹지 않습니다. 이렇게 들어갔다가 나올 수 있는 것은 이 때문입니다."

공자가 제자들을 돌아보며 말했다.

"잘 기억해두어라. 굳센 믿음이 있으면 강물과도 가까워질 수 있거늘 하물며 사람은 더 말해 무엇 하겠느냐?"

비밀을 지키는 지혜

◆◆

백공(白公)이 난을 일으키기 전에 우선 공자에게 물었다.

"사람들과 비밀을 나누어도 됩니까?"

공자가 아무런 대답을 하지 않자 백공이 다시 물었다.

"돌을 물에 던지면 어떻게 되겠습니까?"

공자가 말했다.

"오나라의 뛰어난 잠수부라면 꺼낼 수 있을 것입니다."

백공이 다시 물었다.

"물을 물에다 부으면 어떻게 되겠습니까?"

공자는 이렇게 대답했다.

"치수와 면수의 물을 뒤섞었다 해도 역아(易牙) 같은 요리사라면 알아낼 것입니다."

백공이 말했다.

"그렇다면 사람들과 비밀을 나누어서는 안 된다는 뜻입니까?"

공자가 말했다.

"어째서 안 되겠습니까? 다만 말하는 뜻이 무엇인지 아는 사람끼리 해야 하는 것이지요. 말하는 뜻을 아는 사람이란 언어를 쓰지 않고 뜻을 표현하는 사람입니다. 물고기를 잡겠다고 다투는 사람은 몸이 젖어야 하고, 짐승을 뒤쫓는 사람은 두 다리가 아플 때까지 달려야 합니다. 즐거워서 그렇게 하는 것이 아닙니다. 따라서 지극한 말은 말을 떠나 있고, 지극한 행동은 아무것도 하지 않는 행동입니다. 무릇 사람들이 얕은 지식으로 쟁론하는 것은 아주 천박한 일입니다."

백공은 이것이 반란을 만류하는 말인지 모른 채 결국 난을 일으켰다가 마침내는 욕실에서 죽임을 당했다.

성공을 유지하는 것이 가장 어렵다

◆◆

조양자가 신치목자(新稚穆子)에게 적나라를 공격하도록 했다. 그는 승리를 거두고 좌인과 중인 두 고을을 빼앗은 다음, 전령을 시켜 이를 조양자에게 보고했다. 양자는 마침 식사를 하고 있다가 이 소식을 듣고 근심 어린 기색이 되었다. 곁의 신하들이 이상히 여겨 물었다.

"하루아침에 두 고을을 함락했으니 누구나 기뻐할 만한 일입니다. 그런데 임금께서는 근심스러운 낯빛을 하시니 어찌 된 일입니까?"

양자가 말했다.

"무릇 강하(江河)의 조수는 아무리 커도 사흘을 두고 연달아 밀려오지 않고, 사나운 폭풍우도 아침이 끝날 때까지 퍼붓지 않는다. 뜨거운 한낮도 잠깐 동안일 뿐이다. 지금 우리 조나라는 덕행을 쌓지도 않았는데 하루아침에 두 성을 함락했으니 내게 멸망이 닥쳐올 수도 있을 것이다."

공자가 이야기를 듣고 말했다.

"조나라 왕실은 창성할 것이다. 무릇 근심은 나라가 창성하는 근본이며, 기쁨이란 나라가 망하는 원인이다. 싸움에 승리하는 일이 어려운 것이 아니라 그것을 유지하는 일이 어렵다. 현명한 군주는 근심함으로써 승리를 유지하고, 이로써 복이 후세까지 미친다. 제나라, 초나라, 오나라, 월나라도 모두 싸움에 여러 번 이겼지만 마침내 망하고 말았다. 승리를 유지하는 방법에 통달하지 못했기 때문이다. 오직 도를 터득하고 있는 임금만이 승리를 유지할 수 있다."

공자의 힘은 성문의 빗장을 들 수 있을 정도로 대단했지만, 힘으로는 유명해지려 하지 않았다. 묵자는 공격을 막음으로써 공수반을 굴복시켰지만, 병법으로 이름을 날리려 들지 않았다. 승리를 잘 유지하는 사람은 강하면서도 약한 것처럼 행동하는 법이다.

화와 복은 갈마든다

♦♦

송나라에 인의를 행하기 좋아해 삼대를 두고 이를 게을리하지 않은 이가 있었다. 그런데 어느 날 집안의 검은 소가 까닭도 없이 흰 송아지를 낳았다. 그는 곧바로 공자에게 물어보았다. 공자는 이렇게 풀이해주었다.

"이것은 길한 조짐이니 상제에게 바치시오."

그런데 1년이 지나 이번에는 그의 아버지가 원인도 없이 눈이 멀었고, 소가 다시 흰 송아지를 낳는 일이 일어났다. 눈먼 아버지는 그의 아들을 시켜 공자에게 다시 물어보도록 했다. 그러자 아들이 먼저 이렇게 말했다.

"지난번 그분에게 물어보고 나서 눈이 멀고 말았습니다. 그런데 또 무엇을 물어보려 하십니까?"

아버지가 말했다.

"성인의 말씀은 먼저 어긋나다가도 뒤에는 들어맞을 수 있다. 그 일은 아직 끝나지 않았으니 그래도 다시 가서 여쭈어보아라."

아들이 다시 공자에게 가서 물었더니 공자는 이렇게 말했다.

"길한 조짐이다."

그리고 다시 그것으로 제사를 지내도록 했다. 아들이 돌아와 그대로 전하자 아버지가 말했다.

"공자의 말대로 해라."

그런데 다시 1년이 지나 그 아들도 까닭 없이 눈이 멀고 말았다.

그 뒤에 초나라가 송나라를 공격해 왔고 곧 그들이 사는 성을 포위했다. 먹을 것이 없어 서로 자식을 바꾸어 잡아먹을 지경이었고 마른 뼈를 쪼개 밥을 지어야 할 상황이었다. 장정들은 누구나 성 위로 올라가 싸웠고, 결국 죽은 자가 절반이 넘었다. 그러나 이들 부자는 모두 눈이 멀어 화를 면할 수 있었다. 그리고 포위가 풀린 다음, 그들의 시력은 정상으로 회복되었다.

상벌도 때가 있다

◆◆

송나라에 난자(蘭子)가 있었다. 그는 특이한 재주가 있어서 이를 믿고 송원군(宋元君)을 찾아갔다.

원군이 과연 그를 불러 재주를 보고자 했다. 그의 재주란 자기 키의 두 배나 되는 나무 막대기를 정강이에 붙들어 매고 달리거나 뛰는 일이었다. 그러면서 칼 일곱 자루를 번갈아 던지는데 그중 칼 다섯 자루는 항상 공중에 떠 있었다.

원군은 크게 놀라 그 자리에서 금과 비단을 상으로 내렸다.

또 다른 난자는 연희(燕戱)에 능했다. 그는 소문을 듣고 원군을 찾아갔다. 그런데 원군은 크게 화를 내며 이렇게 말했다.

"얼마 전에 특이한 재주를 가지고 나를 찾아온 자가 있었다. 그 재주는 쓸 곳은 없었지만 그래도 나의 환심을 샀기 때문에 금과 비단을 내렸다. 저자도 틀림없이 그 소문을 듣고 찾아와 내가 상을 내리길 바라는 것이다."

　그러고는 그를 잡아 죽이려고 했다가 한 달이 지난 다음에야 비로소
풀어주었다.

어떤 것의 본질을 살피는 방법

••

진목공이 백락에게 물었다.

"당신은 늙었소. 당신 자손 가운데 말을 잘 고를 만한 이가 있소?"

백락이 이렇게 대답했다.

"생긴 모습과 근육과 골격을 볼 줄 알면 좋은 말을 고를 수 있습니다. 그러나 천하의 명마란 이미 사라지고 숨어버려서, 마치 없어지거나 잃어버린 것처럼 보입니다. 천하의 명마는 먼지를 휘날리지도 않으며 발자국도 남기지 않고 달립니다. 제 자식들은 모두 재주가 뛰어나지 않아 그저 좋은 말을 고르는 수준이지 천하의 명마를 고를 수는 없습니다.

제게 땔나무와 채소를 공급해주는 사람으로 구방고(九方皐)라는 사람이 있습니다. 사실 이 사람은 말을 보는 재주가 저에게 뒤지지 않습니다. 그 사람을 만나보시기를 권해드립니다."

목공은 구방고를 만나 그에게 말을 구해보라고 했다. 구방고가 석 달 만에 돌아와서 보고했다.

"찾아냈습니다. 사구에 있습니다."

목공이 말했다.

"어떤 말이오?"

그가 대답했다.

"암놈인데 누렇습니다."

그런데 목공이 사람을 보내 몰고 오게 했더니, 엉뚱하게도 수놈이며 색깔이 검었다. 목공은 불쾌히 여겨 대신 백락을 불렀다.

"어찌 된 것이오? 당신이 추천한 자에게 말을 구하러 보냈더니 색깔과 암수조차 구별하지 못하더군. 그런 자가 어찌 말에 대해 안다고 할 수 있겠소?"

백락은 크게 안도의 한숨을 쉬며 말했다.

"결국 그런 경지에 이르렀군요! 이것이 바로 저보다 천만 배나 뛰어난 점입니다. 구방고가 본 것은 말의 선천적 소질입니다. 말의 정수만 보느라 대강은 잊어버렸고, 속을 살피느라 겉모습은 놓쳐버린 것입니다. 자기가 보아야 할 것만 보고 보지 않아도 될 것은 보지 않았습니다. 살펴야 할 것만 살피고 살피지 않아도 될 것은 살피지 않았습니다. 구방고처럼 말을 보는 것은 말의 좋고 나쁨을 골라내는 것보다 더욱 높은 경지입니다."

나중에 그 말을 다루어보았더니 과연 천하제일의 명마였다.

모든 것의 근본은 자기 안에 있다

◆ ◆

초나라 장왕(莊王)이 섬하(詹何)에게 물었다.

"나라를 다스리려면 어떻게 하면 되오?"

섬하가 대답했다.

"저는 몸을 다스리는 일에는 밝지만 나라를 다스리는 일에는 밝지 않습니다."

장왕이 말했다.

"나는 종묘와 사직을 받들어 모시고 있는데 그것을 지키는 방법을 배우고자 하는 것이오."

섬하가 말했다.

"저는 자기 한 몸을 잘 다스리는데 나라가 어지러워졌다는 말은 들어본 적이 없습니다. 또 자기 한 몸조차 어지러운데 나라가 잘 다스려졌다는 말도 들어본 적 없습니다. 모든 근본은 자기 안에 있을 뿐이니, 감히 국정에 대해서는 말씀드릴 수 없습니다."

임금이 말했다.

"훌륭하오."

세상의 원망을 피하는 법

◆◆

호구에 사는 노인이 손숙오(孫叔敖)에게 말했다.

"사람에게는 세 가지 원망이 있는데 선생께선 그것을 아십니까?"

손숙오가 말했다.

"무슨 말씀이신지요?"

그가 대답했다.

"직위가 높으면 사람들이 그를 질투하고, 벼슬이 높으면 임금이 그를 미워하며, 녹봉을 후하게 받으면 원망이 그에게 미치게 됩니다."

손숙오가 되물었다.

"직위가 높아질수록 뜻을 낮추고, 벼슬이 높아질수록 마음을 겸손히 하며, 녹봉이 많아질수록 널리 베푼다면, 이 세 가지 원망을 면할 수 있겠습니까?"

미래의 화를 피하는 법

◆◆

초나라의 재상 손숙오가 병이 들었다. 그는 죽음에 임해 아들에게 이런 유언을 남겼다.

"임금이 나에게 여러 차례 봉지를 내리려 했지만 그때마다 나는 사양했다. 이제 내가 죽고 나면 임금께서 너에게 대신 봉지를 내려주려 할 것이다. 하지만 너는 절대로 좋은 땅을 받지 말아라.

초나라와 월나라 사이에 침구라는 곳이 있는데, 좋은 땅도 아니며 남들이 탐내는 지역도 아니다. 초나라 사람들은 귀신을 믿어서 그곳을 꺼려하고, 월나라 사람들은 미신을 믿어서 그곳을 싫어한다. 그러니 오히려 오래도록 차지할 수 있는 곳은 오직 그 지역뿐이다."

손숙오가 죽자 임금은 과연 그의 아들에게 좋은 땅을 봉지로 주려 했다. 그의 아들은 사양하고 침구 지방을 달라고 요청했다. 임금은 어쩔 수 없이 그곳을 그에게 내려주었다. 그 때문에 자손들이 그 땅을 잃지 않고 오랫동안 차지할 수 있었다.

한 가지 방법에 집착하지 마라

◆◆

우결(牛缺)이란 사람은 상지에 사는 선비였다. 한번은 아래쪽 한단 지방을 가다가 우사에서 도둑을 만나고 말았다. 우결은 옷가지와 수레와 소를 모두 빼앗겼지만, 아무렇지도 않게 가던 길을 그대로 걸어갔다. 도둑들이 그를 보았는데 걱정하거나 아까워하는 기색이 전혀 없고 도리어 기뻐하는 듯이 보였다. 도둑들이 뒤따라가서 그 까닭을 물었다. 우결은 이렇게 대답했다.

"군자는 재물에 얽매여 몸을 해치지 않는 법이오."

도둑들이 말했다.

"음! 현명한 사람이로군."

잠시 뒤 도둑들은 이렇게 상의했다.

"저렇게 현명한 사람이 조나라 임금을 뵙고 나서 우리가 도둑질한 일을 이야기하면 반드시 우리를 잡아들이려고 할 걸세. 차라리 그를 없애

버리는 것이 좋겠네."

결국 도둑들은 그를 쫓아가 죽여버렸다.

어떤 연나라 사람이 이 이야기를 듣고 나서 가족을 한자리에 모아놓고 훈계했다.

"도둑을 만나더라도 절대 상지의 우결처럼 행동하지 말아라."

그러자 모두들 이를 교훈으로 새겼다. 얼마 후 이 연나라 사람의 아우가 진나라로 가다가 관하에 이르러 실제로 도둑을 만났다.

그는 자기 형이 한 말을 기억하고는 도둑들을 상대로 힘껏 싸웠다. 그러나 뜻대로 되지 않아 모두 빼앗기고 말았다. 그는 다시 도둑들을 뒤따라가면서 비열한 말로 빼앗긴 물건을 되돌려달라고 요구했다. 도둑들은 화를 냈다.

"너를 살려준 것만 해도 관대한 처분이다. 그런데도 단념하지 않고 뒤쫓아 오고 있으니 이러다가는 우리 종적이 드러날 것이다. 기왕에 도둑질을 하는 마당인데 우리에게 인자함이라는 게 있겠느냐?"

그러고는 마침내 그를 죽이고 또 그와 동행하던 무리 너덧까지도 해치고 말았다.

우연인가 필연인가

◆◆

우씨(虞氏)라는 사람은 양나라의 부자였다. 가산은 가득 차서 풍성했고, 돈과 비단은 헤아릴 수 없이 많았으며, 재화는 다 셈할 수조차 없었다. 어느 날 그는 큰길에 접한 높은 누각에 올라가 음악을 연주하고 잔치를 벌였다. 누각 위에서는 도박판이 벌어졌다.

마침 협객들이 무리를 지어 그곳을 지나게 되었다. 그때 누각 위에서 도박을 하던 누군가가 주사위를 던졌는데 가장 높은 패가 나왔다. 그가 판을 뒤집고 크게 따자 모두들 큰 소리로 웃었다. 그런데 공교롭게도 하늘의 솔개가 물고 가던 썩은 쥐를 떨어뜨렸고, 그것이 지나가던 협객 중한 사람의 몸에 맞고 말았다.

협객들은 이렇게 말했다.

"우씨가 부유하다고 뽐내며 즐긴 지 오래되었소. 그러면서 늘 사람들을 깔보는 마음을 가지고 있었소. 지금 우리가 그에게 대들지도 않았는데 우리에게 썩은 쥐를 던져 모욕했소. 받은 대로 되돌려주지 않는다면 천하에 우리 이름을 내밀 수 없을 것이오. 모두 힘을 합쳐 수하들을 이끌고 그 집안을 없애버립시다."

협객들은 그 말에 동의했다. 약속한 날 밤이 되어 사람들을 모으고 무기를 준비한 다음 우씨 집으로 쳐들어가 일족을 멸망시켜버렸다.

이름과 실질 사이

◆◆

　동방에 원정목(爰旌目)이라는 사람이 있었다. 그가 어떤 곳을 가다가 길에서 굶주려 쓰러졌다. 호보 땅의 구(丘)라는 도둑이 이를 보고 먹을 것을 내어주며 먹으라 했다. 원정목은 세 입 정도 먹은 뒤에 눈을 뜨고는 그에게 물어보았다.

　"그대는 무엇 하시는 분입니까?"

　도둑이 말했다.

　"나는 호보 땅 사람 구라고 하오."

　원정목이 말했다.

　"아! 당신은 도둑이 아니오? 어째서 내게 음식을 먹여주는 거요? 나는 죽어도 당신 음식은 먹을 수 없소."

　그러고는 두 손으로 땅을 짚은 채 먹은 것을 토해내려 했다. 하지만 먹은 것이 나오지 않자 꽥꽥거리다가 끝내 엎어져 죽고 말았다.

호보 땅의 구는 비록 도둑이긴 하지만 음식은 도둑이 아니다. 사람이 도둑이라고 해서 그의 음식도 도둑이라고 여기며 먹지 않은 것은, 이름과 실질이 무엇인지 바르게 알지 못했기 때문이다.

왜 감정에 집착하는가

◆◆

주려숙(柱厲叔)이란 사람이 거나라 오공(敖公)을 섬겼다. 그러나 임금이 자신을 알아주지 않는다고 서운하게 여겨 임금을 떠나 바닷가에 집을 짓고 살았다. 여름에는 마름을 따먹고 겨울이면 도토리나 밤을 주워 먹으며 지냈다.

그런데 오공이 난을 당하자, 주려숙은 당장 달려가서 목숨을 바쳐 오공을 돕겠다고 친구들에게 말했다. 친구들이 이상히 여겨 물었다.

"임금이 자네를 알아주지 않는다고 서운해하지 않았나? 그래서 이곳으로 내려와 살고 있는 게 아닌가? 그런데 지금 그를 위해 죽는다면 자네를 알아주거나 알아주지 않는 데 대한 구별이 없어지고 마는 것 아닌가?"

주려숙이 말했다.

"그렇지 않네. 알아주지 않는다고 생각했기 때문에 떠났던 것은 분명하지. 지금 그를 위해 죽는 것은, 그가 정말로 나를 알아주지 않았다는 사실을 증명하는 일일세. 지금 그를 위해 죽으러 가는 것은, 내가 그를 위해 죽음으로써 후세 임금들에게 자신의 신하를 올바로 알아보지 못하는 잘못을 경계하도록 일깨우기 위해서네."

알아준 자를 위해 죽고 알아주지 않은 자를 위해서는 죽지 않는 것이 정도이다. 그러나 주려숙은 원망이라는 감정 때문에 제 몸이 중요하다는 사실을 잊어버렸다고 할 수 있다.

준 대로 돌려받는다

◆ ◆

양주가 말했다.

"이로움을 주면 이익이 돌아오고, 원망하면 화가 돌아온다. 안에서 보내면 밖에서 호응하는 것은 오직 사람의 정(情)뿐이다. 그러므로 현명한 사람은 내보내는 일을 삼간다."

근본으로 돌아가라

◆◆

양자의 이웃이 양을 잃어버렸다. 그는 집안사람들을 모았고, 그것도 부족해 양자의 하인까지 빌려서 양을 찾으러 나섰다. 이를 본 양자가 물었다.

"아! 잃은 양은 한 마리인데 찾아 나서는 사람은 왜 그렇게 많소?"

이웃이 대답했다.

"갈림길이 많기 때문입니다."

한참 뒤에 사람들이 되돌아오자 양자가 물었다.

"잃어버린 양을 찾았소?"

이웃이 대답했다.

"찾지 못했습니다."

"어째서 찾지 못했소?"

"갈림길 속에 또다시 갈림길이 있더군요. 어디로 가야 할지 알 수 없어서 결국 되돌아오고 말았습니다.”

양자는 근심스러운 얼굴빛으로 한참이나 말을 하지 않았고 하루 종일 웃지도 않았다. 문인들이 이상히 여겨 물어보았다.

“양이란 하찮은 가축일 뿐입니다. 게다가 선생님 소유도 아닌데 그까짓 양 한 마리를 두고 말도 하지 않고 웃지도 않으시니 어찌 된 일입니까?”

그래도 양자는 아무런 대답을 하지 않았다. 문인들은 그 까닭을 알 수가 없었다.

그때 제자 맹손양이 이 사실을 심도자(心都子)에게 전해주었다. 심도자는 다음 날 맹손양과 함께 양자에게 가서 다시 물어보았다.

“옛날에 삼형제가 있었는데 제나라와 노나라 지방을 떠돌면서 같은 스승을 모시고 공부해 인의의 도를 터득하고 난 뒤 집으로 돌아왔습니다. 그의 아버지는 세 아들에게 인의의 도가 어떤 것인지 물었습니다.

맏형은 이렇게 대답했지요.

‘인의란 자기 몸을 먼저 사랑하고 나서 명성을 얻는 것입니다.’

둘째는 이렇게 대답했습니다.

‘인의란 자기 몸을 아끼지 않고 명성을 구하는 것입니다.’

셋째는 이렇게 대답했습니다.

‘인의란 자기 몸과 명성을 동시에 구하는 것입니다.’

세 가지 해석은 서로 상반되지만 모두 유가가 주장하는 바입니다. 어느 것이 옳고 어느 것이 그른가요?”

양자가 말했다.

"어떤 사람이 하수 옆에 살면서 물에 익숙해져 헤엄에 자신이 붙자, 사공의 일을 업으로 삼아 백 명을 먹여 살릴 만한 부자가 되었다. 그래서 양식을 짊어지고 배우겠다고 오는 이들이 무리를 이루었지만 거의 절반은 물에 빠져 죽고 말았다. 그들은 원래 헤엄쳐 살아나는 법을 배우려 했지 물에 빠져 죽는 법을 배우려던 것이 아니었다. 그런데도 결과는 이처럼 달랐다. 그대 생각에는 어느 것이 옳고 어느 것이 그른가?"

심도자가 대답을 하지 못하고 나오자 맹손양이 질책했다.

"당신의 질문은 어째서 그리도 헛돌고 선생님의 대답은 어째서 그처럼 괴상하오? 나는 더욱 헷갈려졌소."

이에 심도자가 말했다.

"갈림길이 많아 양을 잃은 것처럼 공부하는 사람들은 방법이 많아 성명(性命)을 잃게 된 것이네. 배움이란 원래 뿌리가 하나지만 끝에 가서는 차이가 나고 마는 것이 이처럼 심하다네. 오직 같은 곳으로 돌아가 무엇이 뿌리인지 찾아야 득실이 없어지네. 당신은 선생님 문하에서 선생님의 도를 잘 배웠으면서도 선생님의 가르침을 깨닫지 못하고 있으니 참으로 슬픈 일이군."

겉모습에 얽매여서는 안 된다

◆◆

양주의 아우 양포가 흰옷을 입고 외출을 했다가 낮에 비를 만나 검은 옷으로 갈아입고 집으로 돌아왔다. 그런데 그 집 개가 주인을 알아보지 못하고 대문에서 짖었다. 양포는 화를 내며 개를 때리려 했다. 이를 본 양주가 말했다.

"때리지 말아라. 너 역시 개와 다를 게 없다. 저 개가 원래 흰색이었는데 밖에 나갔다가 검은색이 되어 돌아왔다면 너는 괴이하게 생각하지 않을 수 있겠느냐?"

반드시 구할 필요가 있는가

◆◆

양주가 말했다.

"좋은 일을 할 때 명성을 구하려 하지 않아도 명성은 저절로 따라온다. 명성을 얻으면 이익을 기약하지 않아도 이익은 저절로 돌아온다. 이익이 생기면 다툼을 기약하지 않아도 다툼이 저절로 찾아온다. 그러므로 군자는 기필코 선을 행해야겠다는 마음을 삼가는 것이다."

아는 것과 행하는 것은 다르다

◆◆

옛날에 죽지 않는 방법을 알고 있다고 떠들고 다니는 사람이 있었다. 연나라 임금이 사람을 보내 그 비법을 알아 오도록 했다. 그러나 사자가 서둘러 가지 않아 그곳에 도착하기 전에 비법을 알고 있다는 자가 죽고 말았다. 연나라 임금은 화가 나서 사자를 처벌하려 했다. 이때 왕이 아끼는 신하가 간언했다.

"사람들이 근심하는 것 가운데 죽음보다 더 절박한 것은 없고, 소중히 여기는 것 가운데 삶보다 더 중요한 것이 없습니다. 비법을 안다는 사람은 이미 죽고 말았습니다. 그런 자가 어찌 임금을 죽지 않게 만들 수 있었겠습니까?"

그러자 왕은 사자를 풀어주었다.

제자(齊子)란 사람도 죽지 않는 도를 배우고 싶어 했지만, 비법을 안다고 떠들던 자가 죽었다는 말을 듣고 가슴을 치면서 한탄했다.

부자(富子)가 이 말을 듣고 웃었다.

"제자가 배우고자 한 것은 죽지 않는 방법이었다. 하지만 그 사람이 이미 죽었는데도 여전히 한탄하고 있으니 무엇을 배우려 했는지 알지 못하는 꼴이구나."

그러자 호자(胡子)가 말했다.

"부자의 말은 틀렸다. 세상에는 술법을 알아도 스스로 행하지 못하는 사람이 있고, 행할 수는 있지만 술법을 몰라 헤매는 사람이 있다. 위나라 사람 가운데 산술에 능한 자가 있었는데 죽을 때가 되어 그 비결을 아들에게 가르쳐주었다. 아들은 그 말을 기록해두었지만 그대로 행하지는 못했다. 그런데 다른 사람이 묻자 아들은 자기 아버지가 말한 대로 일러주었다. 그것을 들은 사람이 알려준 대로 행하자 아들의 아버지와 별 차이가 없었다. 그렇다면 죽은 사람이라고 해서 어찌 죽지 않고 사는 방법을 말할 수 없었겠는가?"

어떤 것이 더 이로운가

◆◆

조나라 한단에 사는 어떤 사람이 정월 초하루 아침에 조간자(趙簡子)에게 살아 있는 비둘기를 바쳤다. 간자는 크게 기뻐하면서 그에게 큰 상을 내렸다.

어떤 객이 그 까닭을 물었다.

간자는 이렇게 말했다.

"정월 초하루 아침에 살아 있는 것을 놓아주면 이를 본 백성이 나를 두고 미물에게조차 은혜를 베푸는 사람이라고 할 것 아니오?"

객이 말했다.

"임금께서 그것을 놓아주려 한다는 것을 백성이 알면 서로 다투어 비둘기를 잡겠다고 나설 테고, 그러다 보면 비둘기를 죽이는 경우도 많아질 것입니다. 임금께서 만약 비둘기를 살려주고자 하신다면 차라리 백성에게 비둘기를 잡지 못하도록 금지령을 내리시는 것이 옳습니다. 잡았다가 놓아준다면, 은혜와 과실의 정도 차이가 심해 서로를 메꿔줄 수 없습니다."

간자가 말했다.

"그 말이 옳도다."

만물에는 귀천이 없다

❖❖

제나라 전씨가 마당에서 길 떠날 때의 안전을 비는 제사를 지내고 있었다. 그때 그의 식객이 천 명 있었는데 무리 속에서 어떤 이가 물고기와 기러기를 바쳤다. 전씨는 이를 받아 올리며 감탄했다.

"하늘이 우리를 위해 베푸는 은혜가 두텁도다. 우리를 위해 오곡을 자라게 하고, 또 물고기와 새를 만들어 식용할 수 있도록 해주었도다."

여러 손님들은 이 말을 메아리처럼 따라 했다.

당시 포씨네 아들은 나이가 열둘이었는데 자리에서 제사를 구경하다가 앞으로 나서며 이렇게 말했다.

"사실은 어르신 말씀과 다릅니다. 천지만물은 사람들과 함께 공존하는 동류입니다. 동류에는 귀천이 없습니다. 그런데도 한갓 대소와 지력에 따라 서로를 제압하며 돌아가면서 잡아먹습니다. 결코 어떤 것이 어떤 것의 소용을 위해 살아가는 게 아닙니다. 사람은 먹을 만한 것을 구하면 그것을 먹습니다. 어찌 하늘이 본래 사람을 위해 준비해둔 것이겠습니까?

모기는 사람의 살갗을 물어뜯고 호랑이나 이리는 사람의 고기를 먹습니다. 그렇다면 하늘이 모기를 위해 사람을 만들어놓고, 호랑이와 이리를 위해 사람의 고기를 준비해둔 것이라고 말할 수 있겠습니까?"

무엇이 부끄러운 일인가

◆◆

제나라에 어떤 가난한 사람이 있어 늘 성안을 돌아다니며 구걸을 했다. 성안 사람들은 그의 구걸이 너무 잦다고 여겨 그에게 더 이상 밥을 주려 하지 않았다. 어쩔 수 없이 그는 당시 부잣집 전씨의 마구간으로 가서 말을 치료하는 마의를 따라다니며 잡일을 해서 먹을 것을 얻었다. 성안의 사람들이 그를 놀렸다.

"마의나 따라다니며 밥을 얻어먹는 게 부끄럽지도 않소?"

그는 이렇게 대꾸했다.

"천하에 부끄러운 일 가운데 구걸보다 더한 것이 없소. 하지만 나는 구걸도 부끄럽다고 여기지 않았는데, 어찌 마의를 따라다니며 밥을 먹는다고 부끄러워하겠소?"

부유해지는 것은 명이다

◆◆

송나라의 어떤 사람이 길을 가다가 마침 남이 잃어버린 어음을 주웠다. 그는 집으로 돌아와 그것을 깊숙이 감추어두었다. 그리고 남몰래 액수를 헤아려보고는 이웃에게 이렇게 말했다.

"내가 부자가 되는 것은 시간문제라네."

이것은 누구의 욕심인가

◆ ◆

어떤 사람의 집 뜰에 말라죽은 오동나무가 있었다. 이웃집 노인이 이것을 보고 말라죽은 오동나무는 상서롭지 못하다고 말했다. 그러자 주인은 서둘러 나무를 베어버렸다.

그 뒤 이웃 노인이 그것을 땔나무로 쓰겠다고 달라고 청했다. 이 말을 들은 주인은 불쾌해졌다.

"공연히 땔나무가 욕심이 나서 오동나무를 베어버리라고 했군. 이웃이라면서 이토록 음흉해서야 되겠는가?"

섣불리 마음에 따라 판단하지 마라

◆ ◆

어떤 사람이 도끼를 잃어버렸다. 그는 이웃집 아들이 도끼를 훔쳤다고 의심했다. 걸음걸이를 보아도 도끼를 훔친 것 같고, 안색을 보아도 도끼를 훔친 것 같으며, 말씨를 들어도 도끼를 훔친 것 같아 보였다. 모든 행동과 태도 하나하나가 도끼를 훔친 것 같았다.

얼마 뒤에 뒷산 골짜기를 팔 일이 있었다. 그런데 잃어버렸던 도끼가 거기에서 나타나는 것이 아닌가? 다음 날 이웃집 아들을 다시 보았더니 행동과 태도가 전혀 도끼를 훔친 사람 같지 않았다.

마음을 집중하면 현상을 잊게 된다

◆◆

초나라 백공 승(勝)이 반란을 꾀하고 있었다. 조회가 끝나고 우두커니 서 있을 때 지팡이를 거꾸로 짚었는데, 지팡이 끝의 뾰족한 부분이 턱을 꿰뚫어 피가 땅에 흐르고 있는데도 알아차리지 못했다.

정나라 사람들이 그 얘기를 듣고서 말했다.

"자기 턱까지 잊어버릴 정도라면 무엇인들 잊지 않겠는가?"

마음을 집중할 때는 길을 걷다가 발이 그루터기에 걸리거나 구덩이에 빠져도 알지 못하고, 서 있는 나무를 머리로 들이받더라도 스스로 알아차리지 못하는 법이다.

◆◆

옛날 제나라에 황금을 탐하는 사람이 있었다. 이른 아침 그는 의관을 단정히 하고 시장에 가서 황금을 파는 상점으로 들어갔다. 그러고는 사람들이 있는데도 태연히 황금을 훔쳐서 밖으로 나왔다.

관리가 그를 붙잡아 심문했다.

"사람들이 모두 지켜보는데도 황금을 훔쳤다니 어찌 된 것이냐?"

그는 이렇게 대답했다.

"황금을 가지고 나갈 때 사람들이 있었다고요? 그때 제 눈에는 황금만 보였는데요?"

열
자

1판 1쇄 인쇄 2016년 2월 5일 | 1판 1쇄 발행 2016년 2월 22일

지은이 열어구 | **옮긴이** 정유선
발행인 김재호 | **출판편집인 · 출판국장** 박태서 | **출판팀장** 이기숙

기획 · 편집 정홍재 | **디자인** 이슬기 | **교정** 정미선
마케팅 이정훈 · 정택구 · 박수진
펴낸곳 동아일보사 | **등록** 1968.11.9(1-75) | **주소** 서울시 서대문구 충정로 29(03737)
마케팅 02-361-1030~3 | **팩스** 02-361-0979 | **편집** 02-361-1035
홈페이지 http://books.donga.com | **인쇄** 중앙문화인쇄

저작권 ⓒ 2016 정유선
편집저작권 ⓒ 2016 동아일보사

• 이 책은 저작권법에 의해 보호받는 저작물입니다.
• 저자와 동아일보사의 서면 허락 없이 내용의 일부를 인용하거나 발췌하는 것을 금합니다.
• 제본, 인쇄가 잘못되거나 파손된 책은 구입하신 곳에서 교환해드립니다.

ISBN 979-11-87194-00-2 94100 | **값** 18,000원

이 도서의 국립중앙도서관 출판예정도서목록(CIP)은 서지정보유통지원시스템
홈페이지(http://seoji.nl.go.kr)와 국가자료공동목록시스템(http://www.nl.go.kr/kolisnet)에서
이용하실 수 있습니다.(CIP제어번호: CIP2016003322)